第一四六辑

老照片

OLDPHOTOS

主编 冯克力

山东画报出版社
济南

图书在版编目（CIP）数据

老照片.第146辑/冯克力主编.—济南：山东画报出版社，2023.1

ISBN 978-7-5474-4524-2

Ⅰ.①老… Ⅱ.①冯… Ⅲ.①世界史－史料 ②中国历史－现代史－史料 Ⅳ.①K106 ②K260.6

中国国家版本馆CIP数据核字（2023）第123670号

LAOZHAOPIAN DI146JI

老照片.第146辑

冯克力主编

责任编辑 赵祥斌
特邀编辑 张 杰 丁 东 邵 建
装帧设计 王 芳
特邀审校 王者玉 赵健杰

主管单位 山东出版传媒股份有限公司
出版发行 山东畫報出版社
社 址 济南市市中区舜耕路517号 邮编 250003
电 话 总编室（0531）82098472
市场部（0531）82098479
网 址 http://www.hbcbs.com.cn
电子信箱 hbcb@sdpress.com.cn
印 刷 山东临沂新华印刷物流集团有限责任公司
规 格 140毫米×203毫米 32开
6印张 121幅图 120千字
版 次 2023年1月第1版
印 次 2023年1月第1次印刷
书 号 ISBN 978-7-5474-4524-2
定 价 25.00元

目录

马庆芳　八千里路水和月（上）
——我的童年 …… 1

李　洁　九十五年前的“济南惨案”影集 …… 20

柯　林　那年那月那些事 …… 49
何惺华　坎坷求学路 …… 75
龚玉和　老兵应邦铭的自述 …… 89
陈　虹　他叫鲁绍先 …… 97

杨　愓　李敬泰与“梁山春游”旧照 …… 107
侯　桢　庙宇作杏坛 …… 115
王全荣　难忘白彦县 …… 120
李健葆　1973年天安门留念 …… 124
曹志敏　坚而能忍：祖母印象记 …… 127

杨淑品 口述　齐晓芳 整理

我造上是个农民 …… 136

徐忠民　时光影像述说

——山河尊严与大地恩情 …… 151

胡　剑　南充解放初期的节庆集会 …… 169

李　宾　1974 年的团风镇 …… 176

冯克力　历史影像的张力 …… 187

封　面　避风湾午餐（徐忠民）

封　二　烟台私立芝罘中学女生合影（初征军）

封　三　走街串巷的游人（徐忠民）

八千里路水和月（上）

——我的童年

马庆芳

人到暮年常会回忆和总结自己的人生。生于 1940 年的我和我的孪生兄弟，回顾过去八十余年的经历，感到童年（1940 年至 1952 年小学毕业）对我们一生的成长、学习、工作和生活非常重要。

我们的童年，正处于大动荡大变革年代。先是第二次世界大战，后是世界分裂为社会主义和资本主义两大对立阵营。中国抗日战争胜利后，只经过短暂的和平，就发生了全面内战，即解放战争。1949 年 10 月，中华人民共和国成立。翌年 6 月又爆发了朝鲜战争，10 月，中国人民志愿军入朝参战。在这鼎革之变中，每个人都面临政治立场和人生方向的选择，而处于懵懂的儿童只能跟从父母的选择。父亲马咸当时做出了正确的决定：反对独裁腐败的国民党政府，拥护共产党领导人民建立民主自由的新中国。为此，父亲冒着生命危险，参加了中共领导的地下工作。回首童年跟随父亲的行踪和岁月，重庆—上海—天津—台湾—香港—北京，真是八千里路水和月：长江顺流东下，东海南北奔波，轮船水路波涛汹涌，海峡两岸风云变幻。

父亲马咸（1909—1973），字寿同，与母亲翁景素（1912—

1978）于 1934 年在天津结婚。当时父亲已在日本国立东京商科大学经济系毕业。该校创立于 1875 年，现名一桥大学，“在经济学领域稳居日本前列，在法学、政治学等人文社科领域具有日本顶尖实力”。父亲性格耿直，学习努力，办事认真，有扎实的专业基础和外语能力，除精通日语，还兼通英语和法语。母亲南开中学毕业后，曾短期在之江大学英语系旁听学习，还在天津荣通进出口商行工作了一年。1937 年父亲编译出版了《货币与物价》和《法币讲话》，受到社会重视，许多大学将其列为参考教材，抗战胜利后两本书都第二次印刷发行。父母亲

图 1 1934 年笔者父母婚礼照。前排左三翁景素、左四马咸、左五翁心桐（翁景素二弟，1949 年后任天津大学力学教授）；后排左二翁文澜、左三吕复（1879—1955，革命家、教育家、法学家，辛亥革命后任国会议员，参加护国、护法与国共合作等革命活动，曾任燕京大学、中国大学教授。新中国成立后任察哈尔省、河北省政府副主席，是马衡和马鉴的朋友）。

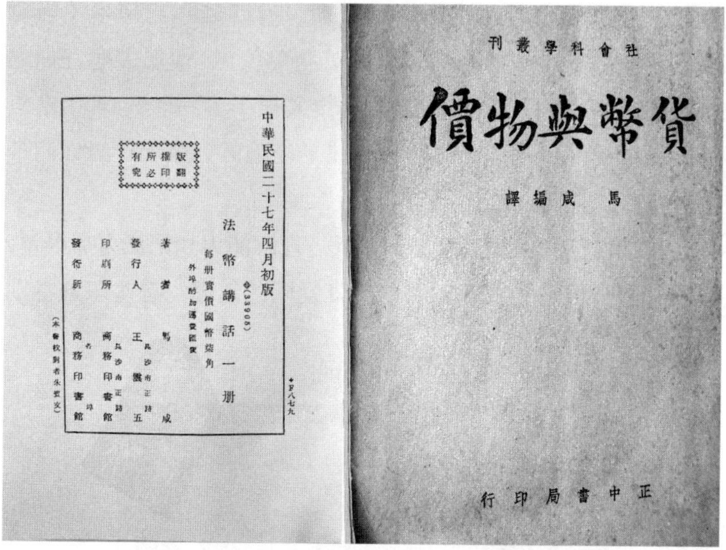

图 2 马咸著作书影。右为《货币与物价》1937 年初版封面，左为《法币讲话》1937 年初版的影印本版权页。

都出身宁波名门望族。祖父马鉴（1899—1959）和他的四位兄弟马裕藻（1878—1945）、马衡（1881—1955）、马准（1886—1943）、马廉（1889—1935）都是北京大学文史教授，并称“北大五马”。母亲家族的翁文灏（1889—1971）、翁文波（1912—1994）、翁心梓和翁心植（1919—2012）都是著名科学家。外祖父翁文澜是天津名医。

1937 年日本发动全面侵华战争，父亲到陪都重庆政府审计署工作。母亲因怀孕行动不便，从南京到天津娘家生产，翌年 3 月生下大哥马津芳。休养两个月后留下孩子，从天津乘船到上海，再转道香港、越南，历时三个月到达重庆。

我们兄弟生于重庆，因地得名。重芳先出世五分钟，是为兄。两人出生时体重很轻，分别只有四磅和三磅半（当时体重计量都是用外国产品，只标英制单位），体弱多病，加之战时药品特别匮乏，父母把我们养大很不容易。2014 年堂叔马泰还对我说："抗战时期我从北平沦陷区到重庆，给你们带来进口药，这药对治病很有效。"

抗战时期我们虽是学龄前幼儿，理解能力和记忆力都很差，但已有初步的是非观念，明白抗日爱国的道理。有些印象特别

图 3 1938 年 4 月，翁文澜与马津芳于天津。翁文澜（1895—1983）毕业于天津海军医学堂，法国波尔多大学医学博士，天津名医。

图 4　1938 年 4 月，母亲与大哥马津芳于天津。

深的场景，像照片一样存在于脑海中，终生不忘。列举如下：

一、父母带我们躲防空洞。昏暗电灯光下，约两米宽的走道，两侧窄窄的木条凳上坐满了市民，不高的洞顶和石壁潮湿得可以滴下水珠，这是 1943 年重庆凿山建成的防空洞。虽然阴暗、狭小、潮湿、憋闷，但防轰炸安全性好。

二、重庆的电影院。只记得一次看电影，影院中排列着木条做的长靠背椅，放映的是二战欧洲战场空战纪录片，看到英

图 5 1940 年 8 月 16 日，母亲和重芳、笔者于重庆。

国蚊式战斗机击落德军战机时，观众无不拍手称快。蚊式战斗机这名称能引发孩子的兴趣，所以留下深刻记忆。

三、在重庆成渝长途汽车站迎接祖父马鉴。我俩出生后，父亲打电报向时任香港大学中文系主任的祖父报喜，恰巧祖父家院内花盆有野鸟下了两个鸟蛋，祖父引为吉兆，十分高兴。1941 年 12 月 25 日，日寇占领香港，铁蹄下香港居民食不果腹，许多在香港的内地文化人吃饭住宿一时难以解决。祖父热心相助，住宅成了临时收容所。左翼作家萧红病逝后，丈夫端

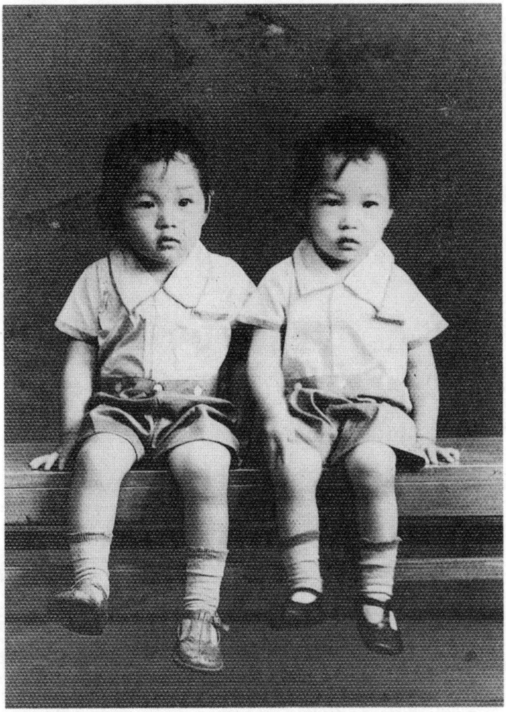

图 6 1943 年，重芳（左）与笔者于重庆。

木蕻良和友人骆宾基（他是萧红的仰慕者，在萧红临终前细心护理，1946 年还撰写出版了《萧红小传》）两位东北左翼作家将骨灰收入两个素色古董罐内，其一埋在浅水湾海边，端木带着另一罐住在祖父家中。祖父拒绝伪职，化装转道澳门返回大陆，1942 年 11 月就任成都燕京大学文学院院长兼中文系主任。1943 年祖父到重庆办事，父亲带我们去车站迎接，看到长途车只是一辆卡车，祖父坐在驾驶室，竟没有车门，感到很奇怪，所以印象很深。

四、1945年6月，三舅翁心植从贵阳青年远征军调到重庆寸滩第一后方医院，他是一等军医佐（相当上尉）。三舅来我家看望父母，我俩正在门外玩要，看见这位年轻帅气的军官舅舅来家，特别兴奋。三舅和父母八年没有见面了，重逢更是欣喜。三舅后来是著名大内科专家，特别长于呼吸内科，中国工程院院士，全国政协委员。由于对戒烟工作的重要贡献，他获得了“中国控烟之父”的美誉。

五、抗日战争胜利庆祝活动。1945年8月6日和9日，美军向日本广岛和长崎各投下一颗威力空前的原子弹，8日苏联对日宣战，次日对日发动总攻击。10日日本即向美、中、英、苏发出乞降外交照会，抗日战争胜利已成定局。当天晚上陪都重庆市民彻夜狂欢庆祝胜利。那天晚饭后，父亲在“卫生间”（一间不足十平方米的房间，内有水缸、洗脸盆、澡盆和木制马桶）一面洗澡，一面给我们两兄弟讲《西游记》故事，忽听外面锣鼓声和鞭炮声大作，惊天动地。父亲草草洗完澡，带我们上街，只见街上人潮如涌，有的敲锣打鼓，有的点放爆竹，有的高呼口号，有的传看各报印发的日本投降号外。父亲也买了一些鞭炮，交给年轻人燃放。狂欢直至深夜，场面极为热烈感人，为我生平所仅见。

抗战胜利后，生活立刻发生了大变化。父亲突然被任命为台湾行政长官公署秘书处代处长，10月上旬随公署长官陈仪上将、公署秘书长葛敬恩中将去台北接收台湾省。由于台湾曾被日本侵占，国民政府规定台湾省行政机构不同于其他省行政机构实行的省长委员制。立法院制定了《台湾省行政长官公署组织条例》，行政长官独揽大权，官阶为特任，直接指挥秘书长和九个处长（秘书处、民政处、教育处、财政处、农林

图7 1946年1月，母亲和重芳（左）、笔者在汉口德明饭店。

处、工矿处、交通处、警务处、会计处）。秘书长及各处处长皆为简任官（相当于司局级）。父亲是无党派自由主义知识分子，是官场素人，怎么突然被任命为简任官？大概是接收台湾，急需大量干部的缘故吧。抗战胜利前一年，陈仪为接收台湾，组织了“台湾行政干部训练班”，但仅办完第一期，培养了一百二十名学员，日本就投降了。陈仪感到干部不够，遂在重庆各机关吸收通日语的各类专业干部，父亲正好满足条件。父亲说：“秘书处长工作很忙，每天最晚离开长官公署的总是我和葛秘书长。”秘书处位居九大处之首，权力较大。父亲说：“当时用我的名片是可以封房子的。”父亲只是代处长，第二年就调任更适合他专业的工作，担任了台湾银行行长。

父亲离开重庆后，母亲计划去天津接大哥马津芳并看望外祖父和外祖母，然后去台湾全家团圆。因为抗战时来四川的众多外省人都急于返乡，出川交通一时极为繁忙，我们直到12月才买到去汉口的轮船票。上船时母亲在我们胳臂上各系了一条细布带，她牵着布带另一端，防止小孩乱跑失足落水。船到汉口，母亲带我们出码头时，看到接客的人群中有人打着“迎接翁院长侄女”的牌子，这大概是当时担任行政院副院长的翁文灏（母亲的堂伯父）的下属主动来接我们的，这是旧社会官场的陋习。

图8 1946年4月17日，外祖父生日合影。外祖父为“避寿”，在天津某饭店订房间全家庆生。前排左起依次为：外祖母陈文贞、翁婉萱（翁心蕙女儿）、重芳、翁文澜、笔者、翁景素；后排左起依次为：姨妈翁心蕙、大舅翁心桐、津芳。

来人把我们送到汉口德明饭店，这是法国商人1919年建的一家高级饭店。1906年京汉铁路建成通车，汉口为终点站，法商为迎接此地蕴含的巨大商机而投资兴建，“德明”即英语“终点站”（TERMINUS）的音译。很长时期，德明饭店都是武汉市最豪华最著名的饭店。新中国成立后这里曾是中南地区领导机关的办公地点，1954年更名为江汉饭店，对外营业。初次进入这富丽堂皇的建筑，处处都让我们两个小孩感到新奇，特别是卫生间内的抽水马桶和带有冷热水龙头的脸盆。

从武汉换船到达上海，住在六外祖父翁文漪（1907—1978）家中。他是外祖父的六弟，是一位能干的化学工程师，曾任“中国火柴大王”刘鸿生先生创办的大中华火柴公司总工程师，该公司产品改变了进口“洋火”对中国火柴市场的垄断。新中国成立后他在特种火柴、人造草、泡沫塑料隔热材料及“红双喜”乒乓球的研制工作中都有重要贡献。上海最吸引我们的是小人书摊，虽然那时的连环画小人书只有武侠一种，但我们还是看得津津有味。

1946年2月乘中和轮离开上海到达秦皇岛，又转乘火车到达天津，住在外祖父家。外祖父家在天津法租界居仁里一号，是一栋三层带地下室的小洋楼，一层是外祖父的诊室，二、三层是居室。外祖父有私家汽车，生活富裕。我俩则入浙江小学上一年级。在天津的半年是难得的“和平”时期，虽然国共两党摩擦不断，局部战事频发，但双方还在谈判，全国人民对停止内战、和平建国充满期待和希望。暑假母亲带我们去河北昌黎农场休息。当时大舅翁心桐是中央农业试验所北平农事试验场技士，兼任这家昌黎农场负责人，大舅老师兼上级沈隽先生也在农场，对我们一家人关爱有加。第一次到农村生活非常新

图9 1946年8月，母亲与大舅在昌黎农场为试种的良种梨称重，大舅在记录数据。

鲜和开心，农村天地广阔，农民辛勤劳动，鸡鸣犬吠，关帝庙中神像生动：中间是红脸关公，左右分立黑脸周苍和白脸关平两员战将。农场生产的优质水果更让我们大饱口福。新中国成立后沈隽是中国园艺学会理事长，大舅曾担任该学会副秘书长，二人都曾被选为全国人大代表。

1946年9月我们乘船到台湾，住在台北市千岁町（日本侵占时期的地名），其位置在现在罗斯福路二段北侧。宅院有汽车房和很大的花园。花园以各色杜鹃花为主，还有高大的柚子树、棕榈树及一架漂亮的蔷薇花。那时台北自然生态很好，整天都能听到鸟鸣，最多的是白头翁。院子里阴暗的棕榈树下很容易找到蛇蛋，花匠还在院内杀死过两条一米长的蛇。户外街道的排水明沟常年有雨水，工人清理时可以抓到鳝鱼。住宅与台湾大学仅一墙之隔。我们三兄弟都在台北女师附小上学，该校现名台北市立大学附设实验国民小学。这所建于1913年的名校“一直拥有辉煌的校誉”，教学质量和学校设备均属一流，有游泳池和很大的健身房。班级的实习老师像大姐姐一样特别喜欢我们双胞胎兄弟，为我俩排演了一个小节目《卖花姑娘》，把我们化妆成小姑娘，在礼堂演出时且舞且唱“小小姑娘，清早起床，提着花篮上市场。花儿虽美，花儿虽香，没人来买，怎么回去见爹娘”，表现了贫苦人民的生活。表演完后我们匆匆退出舞台，我把花篮中的一些花落在地上，又急忙跑回舞台拣拾，这幼稚行为引起台下观众一片笑声。音乐老师还教我们唱《伏尔加河纤夫曲》，我们拉着报纸做成的船，模仿纤夫边拉边唱。

父母在假日常带我们游览台北郊区名胜北投和草山（阳明山）。母亲不工作，有闲暇，多次带我们兄弟乘火车去基隆市，住在父亲留日好友毛一民家，他是基隆市市长，住宅后院就是私家沙滩。那时海水清洁，母亲喜欢撬开礁石上生长的牡蛎当场生吃。全家还沿台湾西海岸旅行数日，在嘉义关子岭和四重溪泡温泉、赏红叶（圣诞树的红叶），登上台湾南端建于1883年的鹅銮鼻灯塔，感受美丽的宝岛。

二叔马豫（1922—2008）是家中常客，他在抗日战争中投笔从戎成为空军飞行员。有时他戎装佩枪来家，他那不带子弹的手枪成了我们兄弟最新奇的“玩具”。二叔反对内战，不愿同胞相残，后在祖父和父亲的支持下，脱离军队，到香港参加了两航起义。

我们还有机会参观了台北士林制革厂，当时我们的小叔叔马临（1924—2017）担任该厂厂长。小叔1946年毕业于成都华西协合大学化学系制革专业。这是我们第一次参观近代化工厂的生产和运营，对工业生产有了概念。

台湾光复后，由于国民党专制腐败，接收人员中多有贪官污吏，百姓讽刺这些人“五子登科”，争夺位子。父亲清廉自律，不屑于此。当时日侨离台返日时每人的行李重量有限制，日侨纷纷抛售家私。父亲趁机购买了几百张古典音乐唱片及一些精印的美术名著画册，后来台北广播电台还常来家中借用唱片。台湾很多工厂在战争中遭到破坏，光复后很多都未恢复正常生产，百业凋零，就业困难。而官员多是外省人，有些外省人歧视本省人，造成族群矛盾。台湾民众对光复大失所望，不满情绪与日俱增。1947 年 2 月 27 日，台湾专卖局缉私人员和警察用枪托击伤贩卖私烟的小贩，向围观群众开枪示警时又击伤一市民，导致其不治身死。第二天台北市民包围专卖局及长官公署抗议和请愿，长官公署卫兵开枪射击，当场打死数十人，引发了全台二二八起义。国民党政府采取“先剿后抚”策略：3 月 9 日后增派两师军队登陆台湾，残酷开枪镇压起义后，3 月 17 日又派国防部长白崇禧为“台湾宣慰使”，带领蒋经国、冷欣、吴石等高官来台湾，宣布以“宽大为怀的精神”处理善后。陈仪引咎去职，魏道明接任台湾省主席。

在二二八事件当天，女师附小学校老师很早就通告全校学生：社会动乱不安全，劝大家赶快离校回家。我们兄弟平安回家。但父亲傍晚下班乘车回家路上就遇到麻烦，街上游行示威的群众很多，其中少数过激或亲日分子鼓动群众“打阿山”（阿山，是当时台湾本省人对外省人的称呼）。父亲乘坐的小汽车被拦截后，误认为父亲是贪官污吏“阿山”，把父亲拉出汽车，不分青红皂白，当胸就是一拳。所幸群众中有两位认识父亲的台湾友人，见状立刻上前拦住保护了父亲，并向群众解释：“马先生是好人，不是贪官，不要动手！”父亲也用日语向群众对话交流。当时不会说闽南话、客家话和日语的人都会被认为是“阿山”。两位台湾友人陪护父亲一起乘车回到家中，台湾友人还建议父亲用白酒擦抹胸口活血化瘀。在二二八事件中有一些外省来台的公教人员和商人被打伤亡。如果父亲没有两位台湾友人出手相助，可能有严重后果。以后两周台北街道商店闭市，成为死城，且时有枪声。我们都闭门不出。好在水电都正常供应，家中有一大箱存米，院子里的鸡舍养着七八只良种来亨鸡，产蛋可充副食，生活尚能维持。

1947 年 5 月至 11 月，父亲奉派代表台湾银行赴美交涉美

图 10 1947 年 1 月，母亲与重芳（左）、笔者在台北千岁町家门口。

军艾文思中校偷盗台湾黄金案。1944 年占据台湾的日军为鼓励士兵卖命作战，用一百二十千克黄金铸造了四千枚带有“福”字的金币，但一直存在军中没有使用。1945 年，美军驻台湾联络组民政事务主官艾文思中校竟趁台湾光复后事务繁忙之际，瞒上欺下侵吞其中一千九百九十八枚金币（约六十千克），并借工作之便偷运至上海变卖，得赃款十万六千美元。此事在上海败露后，1946 年 2 月陈仪向美军联络组组长顾德理上校询问：日军报告的黄金数量为何与中方收到的数量相差巨大？美方遂展开调查，发现了艾文思的问题。1947 年 5 月艾文思被逮捕，同年 11 月被法院判处有期徒刑六年，赃款赃物没收后归还中国政府。罪犯盗卖的金币绝大多数也在上海一些银行银楼寻回。

图 11 1947 年 1 月，母亲与重芳（左）、笔者在台北千岁町家门厅。

父亲11月从美国返回台北，带回一台具有自动换唱片功能的新式电唱机、一台很漂亮的白色小型电子管收音机和一台大型手提式全波段收音机。这些当时最先进的家用电器，引起了我们对科学技术的兴趣。

在二二八事件后，父亲看清了国民党统治的面目，在国家鼎革之际，选择了共产党。父亲和祖父马鉴、四祖父马衡以及三位叔叔马蒙、马豫、马临，原本都是无党派自由主义知识分子，他们对社会主义和资本主义的理论和历史并无更深的了解，但都存一颗爱国爱民之心，怀有追求中国早日实现民主、自由、富强的希望和理想。父亲有了选择，也有行动，在来台湾做地下工作的共产党人老胡的引领下参加了共产党在台湾的地下工作。父亲有良好的专业素养和丰富的工作履历，生活富裕安定，在台湾、香港地区甚至到国外，比如日本都可以找到不错的工作,但他是具有理想主义色彩的人,宁愿冒生命危险自费闹革命。老胡是父亲留日同学，东北人，身材魁梧，头顶略秃，露出较大的额头。他水性很好，常带我们到附近的淡水河游泳。那时的淡水河很清澈，他游蛙式，戴着眼镜，秃头在水中时隐时现，显得很轻松。老胡常在晚上来家里和父亲谈工作，这时就让我们三兄弟到院子里玩耍，也兼作“哨兵”。我们隔壁邻居是外交部邵司长，他曾在苏联莫斯科中山大学学习。父亲和他既是一般朋友，又保持必要警惕。邵司长后来辞掉公职，去了香港。

1949年，国民党军队在大陆兵败如山倒，解放军百万雄师过大江，南京解放，国民党政府濒临崩溃。蒋介石把台湾作为“反共复国”的基地，把大陆残存的财力军力撤至台湾。解放军也开始为解放台湾做各方面准备工作。当年8月父亲以探望在香港大学任中文系主任的祖父马鉴为名，经香港潜回北平，向调查部副部长马次青汇报工作。马副部长还在颐和园听鹂馆餐厅宴请父亲。马次青同志曾担任叶剑英的秘书，1959年“反右倾运动”中被错划为“右倾机会主义分子”，免去领导职务，改革开放后才得到改正。在这次大陆之行中，父亲还抽空看望了时任故宫博物院院长的四祖父马衡，带去祖父的口信。近年出版的《马衡日记（1948—1955）》记载：“九月廿二日（星四）。晴……寿同自台湾来平，五弟（马鉴为马衡五弟——本文作者注）交其赍来一书，已被遗失，但口述而已”。此外，父亲还带礼物去祝贺新婚不久的大舅翁心桐和三舅翁心植。“九月廿七日（星二）。晴，寿同赴津南旋。”

我俩从二年级开始喜欢阅读，起初看一些有图的儿童读物，知道盘古氏、神农氏、司马光砸缸救儿童、中美英苏四大强国……以后又看过《木偶奇遇记》《爱丽丝梦游奇境》。三年级以后似懂非懂地看过《三国演义》《西游记》以及《爱的教育》《北欧神话故事》，还看过几本科普书，如《月球旅行》，这是一本科普散文集。再往后就看一些成人阅读的新闻报刊：台湾人李万居办的《新生报》，这份报纸有民主进步色彩，常遭当局打压。时事类杂志《新闻天地》也常翻阅。阅读增长知识、开阔眼界、启迪思想，有益于提高写作能力。四年级时，重芳写了一篇小文章《傍晚》，感叹民生艰难，发表在《新生报》副刊，得到八元新台币稿费，还受到女师附小教导主任的表扬和鼓励。

1949年8月开始，中共台湾地下组织遭到破坏，年底台湾地下党负责人蔡孝乾被捕。翌年2月蔡孝乾叛变，之后台湾地下党组织许多人员被捕遇难，几乎全军覆没。此外，由于解放军没有海军和空军，又因“轻敌和急躁”情绪，10月和11月发动的金门岛登陆战役和舟山群岛登步岛登陆战役都没有取得

图 12 1949 年 12 月 17 日，离开台湾前一天拍摄的全家福。前排左起依次为：父亲、笔者、母亲；后排左起依次为：津芳、重芳。

胜利。台湾当局借此扩大宣传，连发“金门大捷”“登步大捷”号外，为低落的民意军心打气。同时加强岛内的独裁和特务统治，台北马场町刑场枪声日有所闻，白色恐怖笼罩全岛。在这种形势下，经组织同意，父亲把我们家属先送到香港返回大陆，自己再回台湾坚持工作。12 月 17 日，乘船去香港前一天，到照相馆照了一张全家福。地下工作危险难料，也许这就是最后一张全家福。照片中每个人都表情严肃，几无笑容。

（未完待续）

九十五年前的“济南惨案”影集

李 洁

云志艺术馆收藏有一册日本人拍摄的“济南惨案”影集。

日本出兵他国作战时，军部都要派“写真班”全程随军拍摄。这本记录“济南惨案”的相册，应是当年写真班留下的。

对照历史档案，解读里面的一帧帧图片，自可对那场惨案有更直观的了解。

民国史上的“济南惨案”，又称“五三惨案”。

1979年版的《辞海》缩印本的相关条目是这样写的：

> 济南惨案　也叫“五三惨案”。1928年，蒋介石在英美帝国主义支持下，北上攻打奉系军阀张作霖。日本帝国主义为阻止英美势力向北方发展，借口保护侨民，出兵侵占济南。5月1日，蒋军开进济南，日军即寻衅开枪，打死中国军民多人。3日，日军又大举进攻，蒋下令不准抵抗，并撤出济南。日军在济南奸淫掳掠，屠杀中国军民五千余人，造成惨案。国民党政府山东特派交涉员蔡公时被日军割去耳、鼻，最后与十七名外交人员同遭杀害。由于中国人民

的强烈反对和帝国主义国家之间存在矛盾，1929年日军撤出济南。

1991年出版的《中国共产党大辞典》的“五·三事件”词条，表述如下：

五·三事件　又称“济南惨案”。日本侵略军屠杀中国军民的惨案。1928年4月5日，蒋介石联合李宗仁、冯玉祥、阎锡山的军队，北伐孙传芳、张宗昌、张作霖等北洋军阀。为阻止英、美势力向北发展，当北洋军阀部队节节败退之际，日本帝国主义借口“就地”保护侨民，出兵山东，于4月25日开进济南。5月3日，日军向中国军队驻地发动进攻。蒋介石严令中国军队不准还击，命令部队撤出济南，绕道北上京津。日军侵略者乘机在济南进行血腥屠杀，中国军民死伤达万人。国民党政府山东特派员蔡公时被割掉耳、鼻，其他16名外交人员亦同遭杀害。该事件反映了蒋介石的媚日政策。

关于惨案发生的时代背景，我们有必要依据历史档案重新做一梳理。

1926年夏，在苏联的鼎力支持下，割据广东的国民党政权即国民政府（简称“国府”）与中国共产党合作，发动了旨在推翻北京中央政府的“北伐战争”。“北伐”至第二年，国共决裂，国民党放弃“联俄容共”政策，前方继续“北伐”而后方大力“剿共”。至1928年开春，国民革命军（曾称“党军”，时称“北伐军”）前锋已经进逼山东。蒋介石从南京赶赴徐州设行营，抵近指挥。

在当年2月召开的国民党二届四中全会上，下野数月的蒋介石复任国民党中央执行委员会常委、中央组织部部长、国府军事委员会主席、国民革命军军总司令，稍后又被国民党中央指定为以党治国体制的最高权力机构——中央政治会议主席，复兼中央军官学校校长，妥妥地成为南京政府第一实权人物。在收买了国民军首领冯玉祥和晋军首领阎锡山之后，国民革命军实力大增，扩充为三个集团军，蒋亲兼第一集团军司令，冯、阎分任第二、第三集团军司令，三路大军共六七十万人合力向北京政府军发起猛攻。至4月中旬，国民革命军第一集团军，即蒋氏亲自指挥的所谓“中央军”，已攻入鲁省境内，相继夺取了台儿庄、临城、滕县、日照等地，与当面之敌张宗昌所部展开激战。

北京政府时为奉系军政集团所把持，奉系首脑张作霖以安国军政府大元帅的名义代行国家元首职权，张氏将北京政府所辖的各派系武装合编为“安国军”。张宗昌有一堆头衔——安国军副总司令兼第二方面军军团长、直鲁联军总司令、山东省督办并“节制直隶军务”。这个高大威猛的山东掖县（今莱州市）大汉曾亲赴鲁南前线指挥作战，但终不敌北伐军，不得不下令后撤至泰安，指望以泰山天险阻遏敌军对省城济南的进攻。

对中国南北内战，各国均持中立态度。对两方军队的称呼，他们既不随北京政府称国民革命军为“党军”，也不随南京政府称北京政府军为“北洋军”，而是以“南军”“北军”称呼两方的军队。

眼见得“南军”就要攻打省城，“北军”随时可能撤防，各国对一路上高喊着“打倒帝国主义”口号，并表现出强烈的民族主义情绪的“南军”自然高度关注起来。

就在上一年的3月24日，“北军”撤离南京后，发生过士兵洗劫外国使馆、教堂及住宅，杀害殴伤外国公民的恶性排外事件，被杀者包括英国驻宁领事馆官员二人、卫兵一人，金陵大学美籍副校长、三名法国传教士、一名意大利传教士和一名日本领事馆卫兵等九人，另有美国领事馆官员等多人被殴伤，遭洗劫处更是多达一百五十一所。尽管蒋介石矢口否认打劫者为本军士兵，但是，停泊在长江上的英、美炮艇，还是依美国领事所请，向南京下关的北伐军驻地发炮百余发，毙伤中国军民近百人。此即震惊一时的“南京惨案”。事件发生一年以后，即1928年3月，该案以南京政府向受损各国赔礼道歉并赔偿外侨的损失，并依外国关于惩凶的要求“通缉”了第六军政治部主任林祖涵（共产党人）；英、美则分别对“不得已的炮击事件”表示“遗憾”而终结。

“南京惨案”尘埃落定仅一个月，眼见得“南军”攻打山东省城在即，而“北军”随时可能撤走，日本人异常惊悚。

因日德战争后日本曾强行接收青岛暨胶济铁路及沿线的经营特权长达八年之久（1914—1922），所以，当时，青岛已有超过两万日侨居住，济南也有约两千名日侨集中居住在商埠、胶济铁路沿线和博山煤矿等地。

4月16日，日本驻青岛总领事藤田荣介和代理济南总领事西田畊一遂向本国外务省告急，吁请派兵山东，保护侨民。驻济南武官酒井隆少佐亦于本日致电日本参谋总长铃木庄六，向军部发出同样的请求。

未经对方国家政府的邀请，即筹划派军队强行进入他国“护侨”，这种霸权主义的思维，是自中日甲午战争后在日本朝野形成的习惯性思维。果然，得到奏报后，4 月 19 日，日本内阁总理大臣田中义一与铃木庄六联袂觐见了昭和天皇，奏请出兵山东“护侨”。内阁与军部的奏请得到了天皇的批准。随即，田中召集内阁临时会议，通过了日军出兵的决议。铃木则向驻熊本的第六师团（亦称熊本师团）司令官福田彦助中将发布出兵令，令其亲率所部五千人立即从门司港出发，强行登陆青岛；另令驻天津的“支那驻屯军”司令官新井龟太郎立即派遣三个中队向济南开拔。

当日，获悉此讯的中国驻日公使汪荣宝急电北京外交部，请求外交部长罗文干对日军出兵山东一事提出严重抗议。

4 月 20 日，以小泉慕次中佐为指挥官的四百六十名日军自天津乘列车抵达济南。尽管城里有张大帅（张宗昌）的督办公署和山东省政府公署，有为数众多的直鲁联军营房，但众目睽睽，无人出面阻止日军的横行。驻扎伊始，小泉即通报中方：日军抵达济南，只为保护本国侨民，对于南北两军，本军将“严守中立”。

本日，在东京，中国驻日公使汪荣宝奉命转告日本政府：务望从速取消派兵，以敦邦交。

还是这一天，不敢阻挡日军进驻的张宗昌和山东省省长林宪祖联名致电北京国务院与外交部，“请就近向驻京日使提出抗议”。

相比于被讨伐的“帝国主义的走狗”的北京政府，高举“反帝”大旗的国民党方面的反应更为强烈——当天，南京政府外交部就将“严重抗议书”送达日本驻宁领事馆，要求日方“迅将所拟派赴山东之军队一律停止出发”。

但是，对中国南北政府异口同声的抗议，东京只是授意驻北京和南京的军事武官前往两个政府说明出兵护侨的理由，却并未中止既定的计划。

几个小时以后，即4月21日上午，日本海军先遣舰“球磨丸”“古鹰丸”“对马丸”相继驶入青岛港。

因未得到北京政府的事先通知，驻青岛的中华民国海军副司令兼海军第一舰队（渤海舰队）司令沈鸿烈和青岛市政府官员只能眼巴巴地看着“友邦”的六百六十名海军陆战队官兵轻车熟路地进驻了日本居留团为他们提供的房舍里。沈氏早年留学日本，可与日人直接语言交流。

日德战争后，日军曾强占青岛八年，招引大批日本国民来青岛创业与谋生，并建起了日本中学和女子中学等公共建筑。

图1 1928年4月21日，第一批入侵中国山东的日本海军陆战队六百六十余名官兵抵达青岛港。

所以，撤走六年之后重返青岛，日本军部对青岛之市情，颇为了解。

见日军悍然入侵山东已成事实，4月23日，蒋介石委任早年留学日本的战地政务委员蔡公时兼战地外交处主任。当日，蔡氏即致函各国领事，声明：国民革命军对战地各友邦侨民将尽力保护。随后，蔡氏即启程前往济南，准备与日方进行外交斡旋。

同一天，南京党、政、军各机关与各民众团体代表举行了反日出兵山东大会，通过了《警告日本民众书》《告日田中内阁书》《告世界民众书》，并组成“首都各界民众团体反日出兵

图2 日军第六师团先头部队在青岛大港登陆。立于队列之前的军旗小队，护卫的是其联队（约等于中国军队的团）的军旗。日军视军旗为灵魂，不进入行军与作战状态，军旗是不展开的。

图3 青岛的日本侨民被组织起来到码头欢迎“皇军”的到来。图中穿长袍者和乱跑的孩子应为附近前来围观的中国百姓。

图4 日本侨民在车站为日军送行。拉扯长纸条是日本人送别的仪式，以示对登舟车而远行者的依依不舍之情。

山东委员会”。

随后，广东、湖南、湖北、浙江、江苏、河南等国府控制地区，竞相组织了“反日出兵山东委员会”，吁请国府与民众“向着山东目标勇猛做去”（河南省会开封“山东革命同志救鲁期成会”通电语）。

4月24日，国民党中央执行委员会常委会在宁召开，会议通过了《告世界民众书》和《告日本国民书》，呼吁国际社会给中国以正义之援助、日本国民遏止田中内阁之行动。蒋介石于本日向进入山东之第一集团军各军团及军政治部主任下令：“我军到达胶济路后，须切实保护外侨，并对日本始终忍耐，勿出恶声。”早年曾在东京振武学校留学的蒋氏，比他在南京的同事和麾下的部将更清楚日军的实力。

4月25日自清晨7时起，日本第六师团第十一旅团一千六百余人在福田师团长和斋藤旅团长的统率下，分乘三舰抵达青岛港。

在码头上，每艘入侵中国的军舰都受到了日本侨民的狂热欢迎。

当天下午1时，第十一旅团旅团长斋藤浏少将即率步兵第十三联队六百余人由青岛大港站登车前往济南。

作为入侵山东的最高指挥官，师团长福田中将则率千余日军暂留青岛，并张贴了措辞严厉的布告：

“支那”时局急变，战祸将及山东，本军警备济南、青岛及胶济铁路，负责保护日侨生命财产，若有累及日侨情事，立即严办，决不宽贷！

膠濟鐵路飯店
RAILWAY HOTEL

图 10　千余名国民革命军官兵未进入战斗状态，即被日军解除了武装并遭羁押。

经过禁区的平民，以防有化装成平民的军队密探混入其中。

图6　日军开进济南城，看似波澜不惊，中国居民与日侨一道在路边旁观，哪知道数

日后这支军队会把济南城变成尸横街巷的人间地狱。

图 8　日军在济南擅自设立了三个禁区，禁止中国南北双方的军人通行，并严查每个

图 20　胶济铁路济南站被日军强占作野战医院。

图5 日军抵达济南站。

对日军的一意孤行，南京政府于26日向日本政府发出第二次严重抗议。

然而，一如前次，东京依旧未作回应。

就在这一天，斋藤统辖的六百多名日军已经抵达济南。

形势愈发险恶。

然而，相当一部分国府统辖地区的人们高估了国民革命军的实力。他们看到的只是"北伐军"对"北洋军"的频频告捷的战报，而对"东洋鬼子"的军国主义体制和实战能力毫无所知。

南京特别市政府于27日通电国民党中央党部、国民政府和各省党部、省政府及全国各机关、团体、报馆，声言："我们要用我们的全力，来对付他们（日本）。我们相信在现有强权而无公理的时代，只有用实力去制裁他们的暴行。我们更相信军阀与帝国主义在最近的将来，要同时宣告覆灭。”

一时间，同日，在国民党驻东京分部的指使下，留学日本士官学校的学子组织了“中国国民党留日士官学校反日出兵归国团”，首批五十余人当天离开东京启程返国。第二天，在东京的中国人举行集会，反对日本出兵中国，并于会后举行了游行示威。结果，七十多人遭日本警方逮捕。其中一位被捕者是千叶步兵学校的留学生，叫宋希濂，后来成为抗日名将和国共内战时的“华中剿共总司令部”的副总司令兼兵团司令，最终于 1949 年深秋在四川大渡河被解放军所俘，1959 年获特赦，成为全国政治协商委员会的文史专员。此题外话。

4 月 28 日，约一千五百名日军陆续从青岛到达济南，随即自定防界，将日本领事馆、日本人开设的正金银行和济南医院三处定为警备区域，禁止华人通行，其中正金银行成为日军司

图 7 一条被日军强行设置路障的街巷。

令部的驻地。

斋藤以“大日本国驻济南警备司令部司令官”的名义发出布告，宣称：本军负责保护胶济路及其沿线，南北两军任何一方闯入其界限内者，一律解除武装。

同日，被国民革命军收编的鲁南土匪刘桂棠（绰号“刘黑七”）炸毁了胶济铁路明水站附近的权庄段，致使胶济铁路中断。

福田闻报，急派日军第四十七联队从青岛急赴鲁中的张店，以“护矿”之名，驻扎下来。

至此，日军已经控制了胶济铁路全线。

4 月 30 日，蒋介石驻节兖州。对于日军擅自侵占济南并设防一事，这位下野期间访问过日本，并与田中义一首相会谈过的总司令乐观地对报馆记者表示：“据日人所称，出兵目的在于保护日侨，决不妨碍国民革命军之军事行动。不但山东如此，将来东三省方面亦如此。如日兵不干涉我军行动最佳；万一干涉我军行动，引起我全国人民之愤恨，则我军亦不得不取相当之对付。”

不过，为防事态恶化，蒋介石还是派出了其密友张群，秘密出使东京，以求与日本首相田中义一会晤。

5 月 1 日，蒋氏进驻刚被国民革命军攻陷的泰安城。随后，即得到前方报告：张宗昌率鲁省军政要员及麾下数万官兵经黄河铁桥撤往北方。于是，他踌躇满志地电告国府主席谭延闿：本日完全克复济南。

当日，国民革命军第一集团军分左、中、右三路进入济南。

5 月 2 日上午 9 时，蒋氏如愿进入济南的山东督办公署。此时，大楼门前的大牌子已经被国民革命军士兵们换成了“国

图 9 国民革命军先头部队手持青天白日旗进入济南。路过的村庄，有几个农民蹲在路边平静地旁观。对当地人而言，这支南方来的“革命军队”和刚刚撤走的“反动军队”无甚区别。但对日本人而言，这支“南军”的装备与军容，与日军相差得实在太远。

民革命军总司令部”。

自此，济南有了两个新的司令部，一个是中国人的国民革命军总司令部，一个是日本人擅设的“济南警备司令部”。

在张宗昌的偌大办公室里，蒋介石召集军以上军官会议，委任第一集团军第四军团总指挥方振武为济南卫戍司令，总司令部高级参谋马登瀛为济南市公安局局长。

方振武就任后，立即约见日军司令官斋藤，声明本人负责保护外侨生命财产，请日军即日撤除警戒。斋藤允诺。

同日，南京政府外交部长黄郛也赶到济南。黄郛与张群都是蒋介石留日时的好友，他俩也因熟知日本国情并与日本某些军政人员有交情而被国民党内的政敌斥为“亲日派”。

5 月 3 日，即惨案发生的当日清早，日本驻济南代理总领事西田畊一带领日军宪兵司令拜会了蒋介石，表示日军今晚将撤离济南，他们代表福田彦助中将特来向贵军总司令辞行。

不料，仅过了约一小时，在日军擅设的禁区内，确切地说，在济南基督医院门外，中日两军突起冲突，枪声顿时响成一片！顷刻间，血肉横飞，尸体满街！

过后按中方的表述，有第四十军（贺耀祖兼军长）一伤兵被送往医院治疗时被日兵所阻，因语言不通，日军突然开枪，当场打死中国士兵及夫役各一人。日方的表述则是中国“南军”士兵强闯日本警戒区并率先开枪打死日本士兵，日军随即开枪

图 11 为了增援入侵济南的日本陆军，日本军部将隶属朝鲜军的航空队调到济南参战。朝鲜军是日本驻朝鲜半岛的派遣军，彼时朝鲜已被迫与日本“合邦”。

还击，并将医院包围，搜捕逃入其中的中国军人。

随后，驻扎在附近的国民革命军与日军开枪互射。一时枪林弹雨，双方均有伤亡。据贺耀祖晚年回忆文章，福田曾派参谋佐佐木到国民革命军总司令部交涉，称遭“南军”挑衅进攻，要求停火。蒋介石闻报，一方面下令城外国民革命军于下午5时前离开济南，绕道北上；一方面派员通知日军司令官福田彦助，请其约束部下。

但是，事态已不可控！福田非但没有约束部下，反倒令日军将开火的“南军”部队全部缴械。

随后，还没来得及与日军摆开阵式激战的国民革命军第四十军第三师第七团千余人，就成了对方的第一批战俘，被日军全部捆缚并关押起来。

国府外长黄郛急赴日军司令部交涉。日本人迫令其在承认冲突由中国士兵挑起的文件上签字，被黄所拒。按中方的记载，日军竟将其扣押长达十八小时之久！

就在黄郛陷入苦境之时，日军于当天下午占领了济南邮政局、电报局，炸毁了军用电台，守台的官兵全部阵亡。

当晚，有日兵经过交涉署前时倒毙。中方过后称此人为流弹所击中，非故意射杀。但23时许，小队日军强行进入交涉署，将战地政务委员会外交处主任蔡公时及署内外交人员、勤务员、杂役全部捆缚。在蔡氏愤然以日语抗议时，日军竟将蔡等十七人全部杀害！

此即震惊一时的“济南（五三）惨案”。

再说东京方面。

闻福田彦助所报，参谋本部当天即回复命令：

决由内地（日本本土）尽量增兵。此时须采取断然措施。

参谋本部决定由国内派遣第三师团（名古屋师团）及一个铁道兵部队，驻中国东北的关东军拨出一个混成旅团，驻朝鲜半岛的朝鲜军派出一个航空中队，增援济南日军。

当日，日军第六师团第二十一旅团司令部、第十五联队及炮兵中队自青岛开赴济南增援。

尚在国内的第六师团第三十六旅团第二十三联队立即启程，借道青岛，前往济南。

东京方面的过激反应源自对“南军”兵力的估量。当时，进入济南城的国民革命军第一集团军三路部队已有四个师约六万人，而城外尚有更多的部队在集结；而济南城里的日军只有一千余人。一旦蒋氏决意不惜牺牲与日军死磕，陷入重围的福田部队绝难幸存！

然而，日本人显然高估了蒋介石的抗日决心。对蒋氏而言，打下山东后，一鼓作气攻入北京，推翻奉系军政府，才是“党国”当下最紧要的目标。他不会被日军在济南的暴行缠住前进的步伐。用他事后给各军的电令语，即“勿以一朝之愤而乱大谋”。

5月4日，天尚未亮，蒋介石即派高级参谋熊式辉前往与日军约定的交涉地点津浦铁路济南站与日本参谋长黑田周一会晤。

自不待言，得军部授权后，福田愈发骄横起来。黑田传达的福田提出的条件非常苛刻：一、济南商埠不许中国军人通过；二、胶济与津浦铁路不许运兵；三、中国军队一律撤离济南二十里之外。

图 12 日本记者拍下的本国侨民仓皇避难的写真。但是，对更多的中国平民的逃难惨状，他们视而不见。

熊式辉以事关重大，须请示总司令为辞，于清晨5时返回总司令部。

就在蒋介石犹豫如何回复时，济南城区又响起了枪炮声。这一天的第一枪是何方射出的？笔者未见中方史料记载，白纸黑字的只有中方“死伤军民十九人”。

蒋介石向国府电报了日军在济南的暴行经过。想不到的是，日军飞机竟飞抵总司令部上空投掷了几颗炸弹，炸死警卫数人，炸伤军官数人。万幸的是，正在大楼里的蒋介石安然无恙。

福田派一名高级参谋前来拜会蒋介石，称“昨日之事，乃部下冲突，发生了误会”，希望事态“不再扩大”。蒋氏立即表示赞同“勿使冲突扩大”，还希望日军不再乱放枪炮。

身心交瘁的黄郛急电日本首相田中义一，向对方提出严重抗议，要求日本政府立即电令在济日军先行停火，以正当手续解决问题。

北京政府外交部也于本日向日本驻华使馆提交了抗议书。

这一天，英、美驻济南领事相携而行，前往日军与国军司令部斡旋双方停火。

还是这一天，济南各界组织了“五三惨案外交后援会”，负责调查惨案真相。

经各方的努力，至当天黄昏，城内的枪炮声总算稀落下来，但在城外，从西关到北关，日军仍在鸣枪与投掷炸弹。

当晚，蒋介石与第一集团军前敌总指挥朱培德、总参谋长杨杰、高级参谋熊式辉商议后，决定总司令部和国民革命军主力退出济南，留两个团共三千余人在济南城内维持治安，并防范日军寻衅；城内外大军分五路渡黄河继续“北伐”。当晚，蒋氏即密令城外各部队渡河北进。

5 月 5 日上午，蒋介石与黄郛等人退至济南郊外的党家庄，并函告福田彦助，盼其下令“停止特殊行动，维持两国睦谊”。同时，蒋派战地政务委员罗家伦分别致函英、美两国驻济南总领事，通告本军已退出济南，仅留少数部队维持治安，此后一切外侨生命财产之安全如因战事受到损害，应由日本负完全责任。

本日，国民党中央执委会通知国府向日本严重交涉济案，并下令：一周内，国府、中央政治会议、各省市党务指导委员会的一切集会，均静默三分钟，为蔡公时等殉国者志哀。

因济南“光复”，国府所辖各地均举行了庆祝大会，“首都民众反对日本暴行大同盟”的通电说得很解气：对日经济绝交；电请蒋介石驱逐日兵出境。安徽芜湖各界联席会议的决议最严厉：与日本断绝国交，宣布开战！

国民党中央执委会当然知道中日之间的国情与军情的巨大差距，所以，他们只能以一纸《告友邦民众书》向包括日本国民在内的各国舆论通报济南惨案的经过，吁请各国人民作出公道的评判。如此而已。

5月7日下午，日军侵华最高长官福田彦助派员给蒋介石送达最后通牒，要求在12小时内，一、严厉惩罚相关的高级将领；二、解除与日军对抗过的部队武装；三、严禁一切反日宣传；四、撤离、济南及胶济铁路两侧沿线二十里；五、开放张辛庄兵营。

此时，蒋介石已经把他的总司令部撤至泰安火车站。收到福田的最后通牒后，当晚8时，蒋拟定了六项对案，派熊式辉与罗家伦星夜返回济南与福田交涉。为表示诚意，蒋还以“贺耀祖未遵军令回避日军”为由，下令免除贺氏第三军团长兼第四十军军长本兼各职。5月3日与日军发生冲突的部队，正是第四十军的士兵。

同时，蒋氏急电已抵东京的张群，迅与日本首相田中会晤，表明“如经查明其曲在我，愿向日本道歉；中日间一切问题都可通过外交方式和平解决”的意愿。

5月8日上午，熊式辉、罗家伦与福田谈判。福田以通牒时间已逾12小时为由，拒不接受蒋氏的对案，悍然表示：“本司令官认定贵总司令并无解决事件之诚意，为军事之威信计，不得不采取断然之处置，以贯彻（本军）要求。”

随后，罗家伦即向留守济南的第四十一军旅长苏宗辙和第一军团长李延年转达蒋总司令的命令：尽卫戍之责任，不得向日军进攻；如日本军来攻，必须死守，并予以重大打击；未奉退却命令，不得撤出济南。

后来的战局证明，国民革命军留守的三千余人，不敌只有半数左右的日军。

一个月后的6月7日，“济案后援会”在南京报告了死伤人数：死亡3625人，受伤1455人，财产损失约2600万元。死亡者，主要是军人。也就是说，当时留守济南的大多数国民革命军官兵，都死在了日军的枪弹之下。

这一天，张群自东京发回了与田中首相的会晤结果：日方不袒奉（奉系），如国民党“北伐”成功，日本将助中国统一；为保护胶济路和济南侨民不得已出兵，求谅解；军事由福田负责，外交由两国外交当局办理；双方万勿扩大事态，增加纷争。

图13 日本人倒也拍下了战乱中的中国平民的镜头，但那是在日军擅自设立的禁区之外的中国难民，人们不得不接受侵略者施舍的粥食。从铁丝网外人们的破衣烂衫上可窥知日军的暴行给中国民众带来的苦难。

显然，日本政府无力约束军部的意志，更无能管束前方军事长官的行动。

翌日，张群启航返国。

事态已经无可挽回！

福田得到军部的授命：为保护本国侨民及维持“皇军”之威严，现地派遣军可自行采取独断行动。所以，在送走蒋介石的两位使者后，他下令对“南军”发动总攻击，令当面之敌一小时内缴械离城。

已得蒋总司令密令的国民革命军的两个团，自然不会听从日寇的指令，于是，战火骤起。装备精良的日军开炮轰击济南驻

图14 5月9日，日军发起对留守济南的两支部队的猛攻。照片上注有“济南城攻击　百发百中　六师团野炮队奋战”的文字。

图 15 昔日的古老城门，转瞬被日军的炮火摧毁。

图 16 5 月 11 日，日军举行了占领济南的入城式。

军营地，致各城门因落弹而起火，城门周边千余人家惨遭火灾。

战火既起，玉石俱焚。无论中国百姓，还是日本侨民，都身陷枪林弹雨之中和民族仇恨之地，只好各自奔命。

得到增援的日军兵分两路，一路围攻城里的国民革命军，一路出城占领了新城兵工厂，炸毁了黄河铁桥。

下午，日军迫近党家庄，袭击了在此休整的国民革命军第三军第八师。

已探知日本政府底牌的蒋介石下令国民革命军撤离党家庄，避免了与日军在城外的更大规模的交战。

5月9日，日军旅团长斋藤亲率所部以重炮猛攻济南西城门，与国民革命军李延年团展开激战。那一天，中方军民伤亡惨重，海右古城大遭毁坏。

图 17 日军占领济南全城后，四处追捕被怀疑更换了平民衣装的国民革命军官兵，这些人后来均遭杀害。

5月9日,济南红十字会、济南总商会的代表向双方请求停战,但未得应允。

至当天晚间，团长李延年终于等来了总司令部的来电：暂行让步，退出济南，不留一兵一卒。

岂料，李团退出济南城后，又遭日军机枪扫射，数百人伤亡在撤退途中，而未及撤出者及众多伤员则多在日后惨遭日军屠杀。

5月10日，日军继续炮轰已经没有国民革命军的济南城。

是日，蒋介石的全权代表、徐州行营主任何成濬几经跋涉，终于进城见到了日军司令官福田和日本领事吉田，表示福田所提五个条件均已兑现，请求停火。但骄横的福田却又提出极为苛刻的条件：在日军撤退前，须将与日军对抗的三个军团的官兵全体解除武装；对肇事军官处以极刑，如不接受他的要求，此后将不再接受蒋总司令的代表。何氏以条件过于苛刻而未敢接受，遂返回兖州向蒋介石复命。

本日，日本外务省宣布向中国济南增派第三师团，原因是“济南事态恶化，以现有兵力而期保护侨民于万全，不但为不可得，且连终青岛与济南之胶济铁路随所被毁，有难期确保交通之现状”。同时，日本将向长江及华南方面增派巡洋舰、驱逐舰若干，以防万一。

5月11日，侵占济南的日军举行了入城仪式。同日，斋藤以日本警备司令官的名义发布了“安民告示”。

本日，五百余日军由青岛分别驻守胶济铁路各站，其中胶济铁路中部的张店、周村各驻军一营。驻守博山的日军司令岩仓正雄发布告称：南北两军不得“侵入”博山及周边二十里以内地区，违者一律解除武装。

图 18 国民革命军避开济南后，日军继续占领济南，直至翌年春天才奉令撤离回国。图为在济南城内横行的日军装甲车。

日军在济南的暴行，不光惹怒了国民政府所辖地区的民众，也激怒了北京军政府的统治者和要人们。

5 月 9 日，即“五三惨案”发生后的第六天，张作霖即电召他最信任的安国军总参议兼第四方面军军团长杨宇霆和其长子、第三方面军军团长张学良到京，讨论停战息争事。当晚，张作霖即发出停战通电。随后，张氏开始筹备撤回关外。

还是在这一天，山东泰安籍的安国军副总司令兼第一方面军军团长孙传芳，在失利于鲁西战役后，擅离职守，回到天津，致电山东济宁籍的国务总理潘复，主动提出辞职弃战。其电报曰：“南（方）曰讨共，北（方）曰讨赤，宗旨既同，争于何有？现在济南事变，日人侮我太甚，本人受良心之督责，不愿再事内争。……兹已到津，前线军事，不能负责”。

人心所向，可窥一斑。

5月14日，日本内阁正式通过了陆军省、海军省和外务省的联合提案，决定蒋介石正式谢罪、严惩贺耀祖、赔偿日本军民损失等五项条件。

同日，日本参谋总长铃木电令福田：若“南军”承认五项条件，则准许其通过济南。

至此，日军在济南的暴行终于消停。

5月18日，日军第三师团二千多人撤离济南，开赴天津。

5月23日，国府通令全国（实为国府统辖区），6月8日一律下半旗为“济南惨案”死难者志哀。

5月24日，日军第三师团安满钦一师团长在青岛发表宣

图19 日军士兵捧着阵亡者的骨灰盒返回青岛。据日文史料，日军在济南死亡二十六人，负伤一百五十七人。

言，宣称：中国南北两军不得在青岛、烟台、龙口、大沽、秦皇岛领海各二十里内交战；南北两军应退出青岛及胶济铁路两侧二十里以外地区，前项地区内不得有排日及宣传有关之一切举动，以“保护日侨”。

随后，驻守潍县的直鲁联军只得退出，任由日军进占。

5 月 28 日，走出“济南惨案”困境之后的蒋介石，下令对安国军全线总攻击。

6 月 3 日凌晨，张作霖率安国军军政高官乘专列离京返奉。众所周知，翌日凌晨 5 时许，日本关东军参谋河本大佐擅自安排工兵在沈阳城外皇姑屯铁桥处炸毁张的专列，张氏不久即毙命于宅中。北京政府覆亡矣。

图 21 撤离中国前，日军在青岛神社前举行了列队式。

图 22　在青岛大港，众多日侨和部分青岛市民（后排穿深色衣服者）欢送日军回国。

“皇姑屯事件”四天之后，即 6 月 8 日，国民革命军第三集团军率先进入北京。国民革命军“北伐”大功告成，国民党终于夺取了全国政权。

但是，中日之间关于“济南惨案”（日称“济南事件”）的谈判却迟迟未有结果。直到进入 1929 年，因国民党已经底定大陆，日本政府才决定妥协。

1 月 23 日，日本首相田中义一向回国述职的驻华公使芳泽谦吉面授机宜，令其作为全权谈判代表抵达南京，与国府新任外交部长王正廷谈判。经多次谈判，3 月 28 日上午，双方签定声明，曰“济案不快之感情悉成过去，以期国交益臻敦厚”。

当天下午，南京和东京同时发表声明，两国决定：一、日军两个月内无条件从山东撤军；二、“济案”的责任及赔偿问题，由双方组织调查委员会，赴济南调查后再定处理办法。

尘埃落定。

从 1928 年 4 月末，至 1929 年 5 月上旬，日军占据济南整整一年。

青岛神社，青岛人称“日本大庙”，是日本第一次占领青岛后（1914—1922），在日侨集中居住的小鲍岛（地名）山上修建的日式寺庙，1945 年抗战胜利后被青岛民众捣毁，此地只余“大庙山”的地名为老青岛人所称呼。

日军撤离后，国府曾在泰安城立“五三惨案纪念碑”，国府任命的山东省政府曾令本省各县公学设立“济南惨案纪念碑”。

至今，每逢 5 月 3 日，济南市都要鸣响警报，以提醒人们，以史为鉴，勿忘国耻。

（云志艺术馆提供图片）

那年那月那些事

柯　林

一

2017年9月8日我岳母去世了。

在去世前二十天之前的8月19日清晨，我妻子接到她父亲的微信，上面写着说："救命，快来！"一大早6点20分，老人能喊救命，恐怕是出大事了，妻子急忙打电话过去，那边不接。她父亲八十九岁，耳朵背得厉害，什么也听不见，平时都是手写微信，紧接着又见她父亲在微信上说："你妈摔倒在地上了，快来！"妻子吓得不轻，也不知道到底发生了什么事。

等我们赶到，发现她躺在客厅地板上，身穿睡裙，昏迷不醒。当即叫救护车送医院抢救，住进重症监护室，她始终没有醒来，直至走完她平凡的一生，享年八十七岁。

丧事办完之后，家人收拾她的遗物，旧衣物、旧杂志、书籍、跳舞录像带、保健用品、抄录做衣服和裁剪的手稿、花卉养植、中医保健、毛衣针法等，东西凌乱，杂七杂八，很多都是过时无法送人又舍不得扔掉的东西。

似乎她自己早有预感，在这之前，她把自己积攒了几十年

图 1 芮平二十岁。摄于扬州。

的邮票册，分成三份，分给了三个子女，给我们的那份我也大概看了看，一般般，没有太过珍稀的邮票。她还积攒了很多毛主席像章，也分成了三份，估计她知道我喜欢文学，兴趣广泛，而且也喜欢这类东西，所以给我们的那份大概是三份里最多的一份。像章被她很认真地别在一块旧布上，大大小小琳琅满目，足有一百三四十枚。

我妻子在检查母亲的那些遗物时，父亲给了她一叠手抄稿，原来是一份母亲写给上级组织的汇报材料。母亲原来偶尔对他们提起过那些事情，但都是断断续续，只言片语，前因后果都没说清楚，现在有一份完整而详尽的东西呈现在眼前，让她大感意外。

汇报材料是一叠白色纸张，因时间久远，纸张已变得陈旧，周边变得毛糙翻卷。字是手写，有点潦草，而且已经褪色，但除了个别字无法辨识，其他都可辨认。认真辨别之后可以看出，这是一份复写稿，是用复写纸写的用以留存，原稿估计是当时交给上级组织了。

为什么她会写这样的材料？起因是什么？为此妻子询问了父亲。

她父亲说，在 1969 年 1 月 10 日之前，也就是这篇汇报材料之前的一段时间，有人在西安钟楼邮电局的院子里贴出了一张大字报，举报芮平，说她曾经是国民党电台的报务员，是国

图2 芮平（左）与母亲芮陈衍泉（中间）、父亲芮禹成（后排）、哥哥芮渠（右）合影。1934年摄于上海。

民党潜伏下来的特务。那张大字报只保留了一两天就被人揭下了。后来组织找她谈话，询问她是不是特务间谍，因为这是他们的猜测。她详细陈述了事实，极力否认，组织让她写个材料交代清楚，于是才有了这份东西。

汇报材料一共十七页，第一页和最后一页是封面封底，空白无字迹。有字迹的一共有十五页，每张都写满了字。第二页是正文，一开头，是那时候全国上下通行的一项内容，当时凡是请示汇报、工作总结甚至谈恋爱写情书，无论干什么都要在正文之前抄录一段毛主席语录："在阶级社会中，每一个人都在一定的阶级地位中生活，各种思想无不打上阶级的烙印。""我们的责任是向人民负责，每句话、每个行动，每项政策都要适合人民的利益，如果有了错误，定要改正，这就叫向人民负责。"之后就是她向上级组织汇报的主要内容，包括她的家庭情况，祖父母、父母、兄弟姐妹、上学及后来同学、工作以后的同事和自己的工作情况。第十五页也是有字的最后一页有她的签名和日期。

妻子拿回这个汇报材料后，我看了一遍，不禁心中五味杂陈。我也从未想过她小时候会那么苦，经历那么多事情。想着她家在扬州，而扬州本是繁华之地，家里的日子应该没有那么的困难，事实却和我想的相反，完全出乎我的意料。

二

岳母芮平出生于扬州，在那里度过了她的少年及青年时代。

关于扬州，我没有更多的印象。我曾经在南京上医学院五年，虽然也接触到一些扬州同学，但从未主动去了解这个城市，

图 3 芮平十九岁。摄于扬州。

所以对扬州只知其名，所知甚少。后来我认识了我的妻子，也与她父母有些许交谈，得知相比上海苏州杭州，江北一带经济落后，比较贫穷，人们的文化程度低，素质也不高，很多人从事的是社会上的低等职业，比如理发剃头、搓澡按摩、捡拾破烂、下苦出力……长此以往，在江南人的印象中江北是脏乱差的穷苦之地，所以才为江南人所低看。

三

岳母出生于1929年12月24日，妻子还专门查了一下，是阴历十一月二十四日，属蛇，摩羯座。

岳母的祖父芮仲浮，又名芮咸，清代时在扬州盐运衙门看守金库，收入很好，比较有钱。他在外面有一个小妾，大概在1912年就离家出走，不再回家，也不给家里钱，所以尽管芮咸有钱，家里却很清苦。直到二十年之后的1932年他临死前才回来，回来后不久就死了，死后留下一座三进的房子和三十亩田地。

芮平祖父的大女儿，也就是她的姑姑，还没结婚男方就死了，成了望门寡妇，后来出家到苏州仓街三官弄的妙香庵当了尼姑，再无来往。她祖父的二女儿，死于1927年，时年仅十八岁。

她祖父唯一的儿子，也就是她的父亲芮光鼎，又名芮禹成，毕业于扬州第五师范，后来任小学教员。他高大帅气，文质彬彬，是一个爱国青年，爱好文学，也有文学才能，一直想施展抱负。1932年他往返于扬州和上海，与上海的杨清馨创办过一个文学杂志《拂晓月刊》，杨是美术编辑，芮是文字编辑，杨的圈子都是近代知名的文学家和画家。芮禹成为人处世很有个性，能编能写，不但自己编杂志，也给别人的文章写序，还自己写文章，大概懂一些外语，翻译了一些外国文学作品，翻译过英国作家朴克的《良心》，反映颇佳，一时风头很盛，才华毕现。他老婆芮陈衍泉原不识字，在他影响下自学文化，还在《拂晓月刊》发表过《烈妇歌》。后来不知怎的杂志办了两期就停刊了。因为家境殷实，他误入歧途，尝试吸食鸦片，因此成瘾，又无法戒掉烟瘾。他在学校上班，学校发现他抽鸦片，解聘了他，就

图 4 1932 年，《拂晓月刊》第一期尝试号封面。文字主编芮禹成。

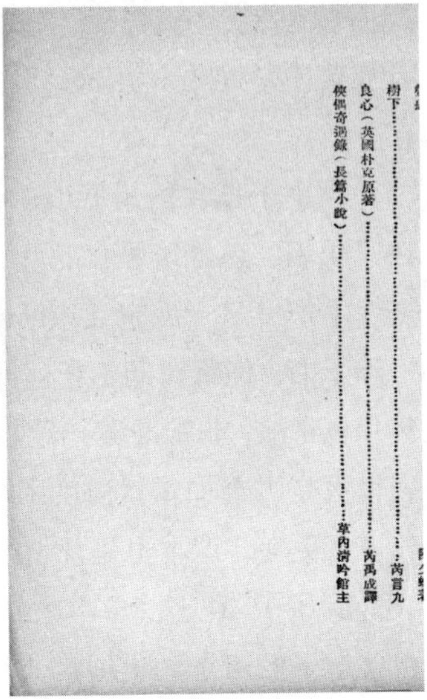
樹下……芮言九
良心（英國朴克原著）……芮禹成譯
俠侶奇遇錄（長篇小說）……草内崗吟館主

图5 《拂晓月刊》刊发《良心》，英国朴克原著，芮禹成译。

此失去了工作。学校干不成，又无其他技能，就成天无所事事还不知收敛，继续吸鸦片。1934 年由姨姑妈的亲戚介绍到苏州县政府第三科任一等科员，当时家里的经济情况很好，生活无忧，那时芮平五岁。

他在上海办杂志时正与鲁迅和左翼文化运动是一个时代，在他办的杂志发表过徐志摩的遗作《阿嘤》，因此，他是否知道鲁迅并认识也未可知，以我的揣测，作为主编之一，大概率是应该知道或认识鲁迅的。

1936 年芮平七岁时在苏州入学，仅仅过了一年，日本人来了。

她父亲失去了工作，无奈之下全家回到扬州。而扬州也被日本人占领，情况一点也不比苏州好，生活极其艰难，当时大街小巷流传着一首民谣:“铁蹄之下度时光,糠菜就当半年粮。”有糠菜还是好的,实际上很多老百姓在吃草根树皮,饿死的不在少数。

芮平于是在扬州上小学。而她父亲在日本人来了以后一直在家赋闲,还继续吸食鸦片,因为没有工作也没有收入,就靠变卖家产度日。后来父亲断断续续在城中小学和农村小学教过一阵子书,但都时间不长就回家了。日本人来了之后物价腾升,鸦片也奇缺,非常昂贵,而父亲已经从吸鸦片发展到吸“白面”,家里更是雪上加霜,极度困难。又交不起学费,经常托人给学校说情免交,课本也是开学很晚了才能拿到。

到了 1940 年,日本人扶植了汪伪政权,这时家里已经将祖父留下的房子和土地卖光了,在外租房住,恓惶度日。这时候她父亲又因为吸食鸦片死在了马路边,家里已经揭不开锅,母亲还有孕在身,实在无力收尸,最后还是由市政部门出面,草草埋葬了事。

芮家一共四个孩子,老大芮渠,老三芮丞,老四芮良是遗腹子,他此时还是吃奶的婴儿,芮平是老二,是家里唯一的女孩。其实在老四芮良之前还有一个男孩,五岁不到就夭折了。没有收入,一家五口陷入饥饿之中,挣扎在死亡线上。没办法,母亲就去帮人洗衣服做针线,偶尔舅父也少许资助一点,还是解决不了吃饭问题。哥哥芮渠十五岁,就出去给人帮忙跑腿,在街头拉黄包车,收入很少,也只勉强够自己糊口。家里除了板凳桌子别无长物,就变卖桌子板凳,几乎把家里能卖的都卖光了,家徒四壁,为了活下去,她和三弟芮丞挖野菜、捞螺蛳,勉强维持,真是度日如年。

1942 年是最为难熬的一年,家里没东西可卖,换不来吃的,已经到了走投无路的地步，处于饿死的边缘，极其艰难。看他们实在可怜，一个叫全节堂的寡妇院收留了他们，于是他们免费住在寡妇院。那里每天能吃到一顿饭，饥饿难耐，每天早晨她就和三弟弟去街道领救济稀饭，一人一碗，领完端回来全家分着吃一点。母亲再帮人做一些活，饥一顿饱一顿，总算没被饿死。

图6 芮平二十一岁。摄于扬州。

即使这样，芮平还一心想着读书，后来经托人说情，她和三弟又开始了免费上学。1944年她毕业于扬州花园巷小学。第二年在江都县立中学读初一。

四

1945年2月，孙良诚的部队在这一带驻扎。孙良诚原是国民党的将领，1941年任第三十九集团军副总司令，并兼任冀察战区副总司令，他于1942年率部投降日伪，后来被任命为“第二方面军总司令”。

3月时，正是学校要开学的时候，听说孙良诚的部队在扬州招收无线电训练班学员，提供吃穿，还有少量的零用钱，芮平就去报名。报名地点在旧城旌忠寺内。报完名考试，考试内容是学校的课程，算术、语文，还有英文，因为她念过一些英文，所以被录取了，校址在扬州旧城南门街古巷内。

图 7 芮平与扬州电信局同事合影。摄于 1950 年。

训练班有九十几个人，教师全是部队的报务员，教机务的老师叫杜鹏，他在扬州邗江路开有无线电修理店。上课的主要课程是收发电报，学摩尔斯电码，每星期有二三次英文课，以备工作时机上会话用。每星期有二三次机务课，讲无线电零件及作用，绘三灯图五灯图等（收报机）。因为当时还是日本人统治时期，还要上日文课，不过很少，一星期不到一次课。

当时的学校是军事化管理，每天天不亮就起床，到体育场跑步，学习立正、稍息、向左右转等。出操回来洗漱，先上课，每天十点和四点吃饭，一天两顿饭。下午吃完饭以后是集体自由活动，不能外出，就在学校体育场内，可以打球散步看书，晚上自修课，然后睡觉，每天如此。星期天放假一天，可以外出或者回家。

除了一天两顿饭，还有一点零用钱，但也仅仅够买牙膏手纸的，而鞋袜、牙刷、毛巾、黄军装以及夏季的连衣黄裙子都是学校发。

到了 1945 年 8 月，抗战胜利了。日本人走了，孙良诚被蒋介石收编，任命为新编第二路军总司令，摇身一变又成为国民党的将领。

由于部队改编并逐步全部撤离，训练班被解散，她和几个生活困难的七八个同学留守到 10 月。这期间无人安排学习，也无人理睬他们，最后看着没有任何希望才回家，也没有毕业证。

留守期间，有一天晚上，孙良诚派勤务兵叫芮平和郑冰清到司令部去，她们两个是这几个人里年纪最小的。两人非常害怕，因为据说孙良诚有七八个姨太太，女人很多，她们怕受欺负，不想去又不敢不去。当时已经十一二点了，她们两个挤到一块，吓得哆哆嗦嗦，战战兢兢。见了面，孙良诚只是问了问她们的生活情况，两人结结巴巴回答，不知道他是什么意思。过了一会儿，孙良诚让人给她们一点钱，说:“你们去洗洗澡吧，姑娘家家的也不收拾干净，脏兮兮的！打扮漂亮一些！”大概觉得她们太过普通不够时髦就打发走了，后来再也没有来找过她们。

五

1946年8月，芮平通过哥哥的同学罗熙来的关系到联勤部第十电台实习，地点在湾子街一所老百姓的房子里。但那位哥哥同学的朋友很不热情，也不关心她，不教她也不让她上机。这个时候她的收发报技术已经学会了，主要是想多练习熟练一些，但不让她上机，每天在坐冷板凳，实在没意思，去了两个月就回家了。

11月份，堂舅在县政府当抄写文书，就介绍她到江都县政府电台，不算电台正式人员也无报酬，她的目的是熟练技术，没有报酬也能接受，就去了江都县政府电台。台长姓陈，一个月后换了人，新台长叫邵仲衡，还有一个报务员王瑛，后来还来了两个学习的人，说是谁的亲戚。

两个月后，到了1947年1月，听说扬州五区专署电台比较忙，那里的台长是杜杰，正在忙于谈对象，报务员陈新对工作不满意又想调走，电台在找人帮忙。江都县政府电台这里学习的人多，不缺人，邵仲衡就让芮平去帮忙，说是工作两个月，管饭，没有报酬。她去了不久，陈新调走离开了，工作基本上就由她一个人承担下来。第三个月时，台里还没有人来顶替，于是杜杰就让芮平顶着陈新的名字拿工资，杜杰说：“你还没有身份，学历和年龄都不行，但是没有工资没法生活呀，得想个办法。”芮平说：“台长你有办法，你给我想，我是没一点办法。”当时电台要求初中文化程度，有一定的工作经验和资历，杜杰就托人找来一张初中毕业证遗失的证明，又在宝应县他的一个同学那里开了一个工作三年的证明，把芮平的年龄增加了四岁，由十八岁改成二十二岁，于是她就成了电台的人员，从此就用她本人芮平的名字在电台上班领薪。

扬州五区专署电台是江苏省政府总台下辖的一个分台，俗称“扬八署”，联系下面八个分台，即扬州五区专署下有八个县的电台，八个县是仪征、邗江、江都、高邮、宝应、兴化、泰县、泰州，所以专署电台要比县电台忙很多。

图8 芮平二十二岁。摄于扬州。

陈新走了，台里只有杜杰和她，还有两个摇机员，到了8月份又来了一个报务员郑松年，人员增加了，她的工作就减轻了一半。

他们所发的电报大部分是密码，由译电室翻译，再送过来由他们发出去，估计是为了安全保密的需要，译电室在另一个不知名的地方。

1948年1月，五区专署电台与江都县政府电台合并，合并后电台不在专署也不在县政府，搬到扬州常府巷和实惠巷内一个平民住的房子。当时的人员有台长杜杰、副台长邵仲衡，报务员是郑松年、王瑛和芮平。

到了1948年3月，大概因为电信局电台的线路经常出问题，外面投机商就找到台长杜杰，杜杰也在外面拉关系，把外面的商务和民间电报拿到政府电台拍发，主要是发向下面的八个县的，价钱比电信局要便宜一半，所以生意很好。这些收入全都归了台长杜杰。不想两三个月以后，有人告发杜杰贪污，杜杰东窗事发被撤了职，这时候就把电台又搬回到县政府内办公。

6 月份，郑松年对芮平说，他在南京联勤总部电台找到了工作，他说那里工资也高。不久后他就离开了扬州去了南京。于是又调来一个叫严志彬的报务员。

在那个年代，似乎贪污是很普遍的事情，经常发生。人员的变动更是频繁，跟走马灯似的。不久之后，邵仲衡也因为贪污被调离电台了，调来的新台长是李继泰。工作没几个月，9 月份李继泰调走，派罗熙来当台长。

六

1948 年 10 月，局势紧张起来，听说是解放军快来了，扬州城人心惶惶。随后解放军占领了苏北大部分城镇，使扬州一面背水，三面受围，驻守扬州城的国民党军队成了惊弓之鸟，把十三个城门封闭了十个，剩下三个城门昼开夜关，严加盘查，以防共产党混入城内联络地下党，刺探情报。

11 月，军事科的刘承法科长经常来电台，他找王瑛和罗熙来谈话，一谈很久。过了不多久，政府公告栏里出现了一张布告：罗熙来、王瑛因工作不力给予撤职。这事引起很大轰动，议论纷纷，王瑛从此就不见人影，而罗熙来却还在台里上班，一直没有离开。

撤职布告一个星期后的一天，王瑛突然来台里，悄悄地对芮平说："我决定明天一大早就去江南。"当时扬州人说江南一般是指镇江。芮平好奇地问："是去镇江？"王瑛点点头。芮平说："你都被撤职了，为什么还不走？"王瑛说："这事很复杂，一时半会说不清，也不能跟你说。”她还叮嘱芮平说，“你能离开就早点离开吧，还是离开得好。关于我的事，你可能知道，也可能不会知道，不要问。”她的样子非常神秘，看王瑛神秘的样子，恐怕有什么事情要发生，芮平一方面不解，还有点说不出来的害怕和恐慌，既然她都不肯说就不敢再问了。

图 9　芮平二十四岁。摄于扬州。

1949 年 1 月 21 日，阴历腊月二十三日，这一天家里送灶神，大家正在吃饭，突然听说解放军很快就要来了，说开放的那三个城门马上也要关了，如果不走恐怕就走不掉了。

王瑛对她说过能离开就早点离开得好，这是一个原因；另一个原因是听说电台也要走，去哪里还不知道，芮平不想跟电台走，母亲和家人都在这里，她弟弟芮丞十八岁了，躲在家里不敢出去，因为形势危急，国民党成天强拉壮丁扩充部队，城里的青年个个东躲西藏，担惊受怕。所以，她跟母亲一商量，决定带弟弟出去躲躲，于是拿了几件衣服带着弟弟芮丞就走，也没给电台打招呼，台里的私人物品也不拿了，去了上海舅舅家。到了舅舅家，扬州的表妹也在，她也是刚从扬州来的。他们几个人住了一个多月，后来舅舅也负担不起这么多人吃饭了，表兄说：“扬州那边已经被共产党接管了，不抓壮丁，还是回去吧？”于是他请假送他们三个人回到了扬州。

回到扬州是 3 月份，扬州城已经于早前的 1 月 25 日被解放了。

芮平不敢去县政府，也不敢去电台，那里都被解放军占领了，谁也不知道共产党到底是一些什么样的人，也不知道他们会怎么样，原来宣传说共产党是“土匪”“共产共妻”，躲都躲不及，哪里还有胆量去找他们？

她没有了工作。家里的生活全要靠她来负担，她没有收入，家里吃饭都成问题，就想着去江南找机会。

大概回扬州半个月后，王瑛从镇江捎信说那边能找到工作，有机会速来。这个时候镇江还在国民党手里，王瑛信中说不认识路可以和她母亲一块来，越快越好，于是她决定和王瑛的母亲一起去镇江。

当天晚上芮平去了王瑛家，见了她母亲，两人商定准备第二天一大早就走。到了晚上九点多，正准备睡觉，有一个人敲门，声称找芮平，开门一看是一个陌生男人，身穿便衣，那人说：“你是芮平吧？”芮平说：“你是谁？我不认识你呀！”那人说：“我是从瓜州来的，有一张电报要你发，是公事。”瓜州在扬州南面三十多里路的江边，与镇江一江之隔，是长江北边的一个古渡口，一个大集镇，江都县政府撤走以后，临时搬迁到瓜州，这个时候还没有被解放军占领。芮平感到害怕，心想我已经离开电台了，和县政府电台没有关系了，为什么来找我，是不是要抓我？见她犹豫，那人强行要她走一趟，没办法，她就壮着胆子跟着走，心里慌慌的。一路上没有说话，那人一路专拣小路走，芮平的心里七上八下，心慌得乱跳不止。一直到了大路上，到了公安局门口，她才松了一口气，稍微放松了一点。

进了公安局以后芮平才知道，找她的人是公安局正副两个局长，二人和她谈话，主要是想了解国民党政权撤逃时的情况和设立秘密电台的事。芮平把知道的都说了，而他们所问的问题她基本都不知道，更不要说秘密电台了。见问不出什么，他们说瓜州现在只有罗熙来一个人，那里需要人，他们要求她去瓜州了解电台的情况，如果有秘密电台一定要把波长呼号搞到手，给他们通报消息。局长说："如果你去，他们肯定是欢迎的，因为他们需要人。"还说让她带着弟弟去，让她弟弟做联络员，有情况让他带回来。芮平说："我不想去，我走的时候都没打招呼，说不定他们还想抓我，我这不是去送死吗？再说……我弟弟不是也要牵连进去，也要遭殃吗？"公安局的一正一副两个局长反复给她做工作，说这是为了人民的利益和扬州人民的安全，你应当为人民做工作，没有啥风险，就是冒点风险也是值得，为人民服务嘛。见实在推辞不掉，又不敢拒绝，最后她答应了。临走时他们说此事要保密，有情况只向他们汇报，单线联系，并说："祝你成功！"

这时候天刚蒙蒙亮，芮平没有回家，而是到了王瑛家，王瑛母亲问她是谁在找，芮平只笼统地说了句是公安局，没啥事，就是了解一下电台的情况。她叫王瑛母亲一块走，先去瓜州，再到镇江。王瑛的母亲不知什么原因，这时却说什么都不愿意走了，说："你先走吧，我不和你一块走。"这时候已经七点多了，芮平的母亲也担心她，来到王瑛家，于是她就和母亲回家了。

芮平一回到家，就感到全身无力，浑身瘫软，一夜没睡，又惊又怕，她已经没有一点力气了，她哪里经历过这样的事情，感觉非常不好，也非常害怕，更没有勇气去瓜州执行公安局的任务了。她在床上一连躺了四五天，后来好一点后，还是壮着胆子去了公安局，告诉他们自己病了，没去成瓜州。他们一听，说："没去不要紧，不过你还是可以做一些工作的。"他们就给她布置了一件新任务，要她去江南（镇江）对王瑛进行了解，他们说可以在那边一边找工作一边了解。如果江南解放了就想办法动员王瑛不要走，最起码也要把机器（电台）留下。

过了两天，芮平去公安局拿了路条，他们还给了十万华中币，芮平没要，也不敢要，这次她也不敢再推脱不去了，就回家准备动身去江南。

1949年2月，芮平到了镇江。她不知道王瑛在哪里，无处去找，也没有熟人可以打听，但她打听到原来在扬州时的台长杜杰现在金坛县政府电台当台长。杜杰和妻子谈恋爱时芮平就认识他妻子，所以决定去找杜杰的妻子。到了镇江南边一百多里的金坛县后，见了杜杰的妻子和杜杰，杜杰问她为什么来，芮平说：

图10 芮平、沈兆鸿与扬州电信局同事。摄于1954年。

“那边没饭吃过不下去了，想找工作。”半个多月后杜杰介绍芮平到县政府的电台工作，台里还有一个姓肖的报务员，于是芮平就在电台上班，在杜杰家吃住，工作了一个月，杜杰没给她发工资，她也没要，心想工资就当她在杜杰家里吃住的食宿费吧。

4月份，又传来消息，说是六圩和瓜州的军队因为抵抗，被解放军全部歼灭了，很快解放军就要渡江打到镇江，接着肯定就是金坛县，一时传言满天飞，一天一个说法，县政府里也乱作一团，所有人都惶惶不可终日。

她也到处打听王瑛的消息，打听到王瑛在江宁县政府电台当报务员，就和她联系，不想刚和王瑛联系上时，解放军打过来了，金坛县解放了。

金坛县解放时，解放军入城的前一天，县政府连夜搬走，芮平和杜杰他们不在县政府住，没有得到一点消息，第二天一大早去了电台才发现县政府已人去楼空，电台机器设备都没了。后来杜杰也想走，就去追赶，结果没有走成，据说是县政府走的水路，他想跟着去，走的是陆路，他走到半路上被解放军挡住了，被截了回来。

过了几天，芮平对杜杰说了扬州公安局的事，说反正现在到处都是解放军，跑也跑不掉，到哪里都一样，还不如回扬州给公安局老实交代，也许没什么事。实在无处可去，杜杰想了想同意了，于是杜杰带着妻子和儿子金生，还有他的三哥三嫂和孩子，杜杰又叫上曾经当过台长的李继泰，一起回到了扬州。芮平把他们带到扬州公安局，公安局进行了询问登记，同时芮平也向公安局汇报了她在金坛县以及王瑛的情况。

鉴于芮平的良好表现，也算是立功吧，公安局非常满意。

不久，公安局介绍芮平去扬州《人民报》当报务员。后来又去了泰州电信指挥部，后又转到扬州电信局工作，多次调动工作，1956 年调到西安市邮政局，直到后来退休。

七

关于秘密电台及其他。

芮平后来才知道，1948 年 11 月，军事科科长刘承法采取软硬兼施的手段，逼迫罗熙来和王瑛以假夫妻的身份潜伏下来，他们被逼无奈，勉强答应了。后来还看了电台，做了测试，准备潜伏。刘承法承诺说以后他们的薪水加倍，让他们好好干。那张县政府在 1948 年 12 月份贴出的罗熙来和王瑛工作不力给予撤职的布告是遮人耳目，是一个幌子。

图 11 芮平（左一）和母亲芮陈衍泉、哥哥芮渠、嫂子秦美英、二弟芮丞合影。1953 年摄于扬州。

王瑛后来为什么又不干了呢？由于潜伏的事情，她接触了一些人，见过绥靖公署的一个官员，那官员见她有点姿色，就想霸占她，让她给他当二房。那人很有势力，惹不得，王瑛也不敢得罪他，所以王瑛推脱着，后来见势不妙，干脆不干了，找机会偷偷逃走了。

王瑛一走，罗熙来成了孤身一人，无法潜伏，上级想重新物色人，时间来不及，没时间培训，也没有合适的人，紧接着芮平离开了，严志彬也走了，电台只剩下罗熙来一个人，他离不开，也不能走，就跟着撤退到了瓜州。罗熙来后来回到扬州，到公安局主动交代了自己和他知道的情况。至于罗熙来交代了什么，芮平一概不知。

1950 年，芮平又奉公安局的命令，请公假到镇江，做通了王瑛的工作，把她带回到扬州，交给了公安局。至于王瑛给公安局交代了什么，她不知道，也不想知道，多一事不如少一事。此后她和王瑛再也没有见过。

她曾经先后二次下江南，分别把杜杰、李继泰、王瑛等人从江南带到了扬州公安局，她之所以这样做，也确实动了点小心思，一方面有点“钱货两讫”的意思，另一方面，也算是表示自己为新政府既尽心又尽力了，她的能力也就如此，立功不立功倒无所谓，关键是撇清了自己，此后就不再去想这些已经过去的事情。总之，在她的心里是这样想的：与往事告别，与过去一刀两断。她不想再有烦恼，从此整理起精神，老老实实地做人，踏踏实实地工作。

扬州解放后，芮平曾经应公安局的要求提供过以下材料：

她在训练班的同学名单（略）

工作后接触到的人员名单（略）

家人亲属亲戚名单（略）

此外，严志彬临走时在她家放了一个箱子，里面有他在淮阳训练时的集体照片，她交给了公安局。

1951 年李继泰从香港来过一封信，信里只是一般的问候话语，没有重要和敏感内容，她请示公安局是否需要回信，公安局看了内容后认为不需要，此后再未来信。

汇报材料的最后是署名和日期：芮平，1969 年 1 月 10 日。

以上是芮平向上级组织汇报的完整内容，时间、地点、人物和事件没有变动，笔者只做了少许的文字改动和加工，以不失真为前提。

八

后续及插曲。

芮平后来认识了扬州电信局的同事沈兆鸿。1949 年 12 月，沈兆鸿调任泰州，和芮平先后填表报到。1950 年元月，泰州电信局撤销，人员设备搬迁到扬州电信局。他们在 1950 年相识，他家在苏州，沈家在苏州养育巷开有一个门面，从事绸布买卖，家境殷实。沈兆鸿是家里排行老四，他为人厚道，办事不急不缓踏实认真，也没有抽烟喝酒等不良嗜好。他们于 1954 年初结婚，年底大儿子就出生在扬州医院。四年后生下二儿子，八年以后，也就是 1962 年，我的妻子在西安出生。

解放后，芮平曾先后在扬州人民报社、泰州苏北电信指挥局、南通电信局、扬州苏北电信指挥局、扬州电信局、扬州邮电局、

图 12　芮平与丈夫沈兆鸿结婚照。1954 年摄于扬州。

西安市邮政局钟楼、小寨支局工作，担任报务员、营业员或文书工作。

1956 年全家调到西安市，丈夫沈兆鸿在西安邮政学校教书，后来调到邮电部电信与技术研究所（邮电四所），她在西安邮政局钟楼支局工作。当时住在解放路邮局宿舍，住房很小也很简陋，还遭过小偷，把从苏州带来的金银首饰丢失了，苏州商铺公私合营发的公债一千元也全部丢失。报案后被公安局认定为是盗窃大案，成功破案，但公债被小偷烧毁，还回来丢失的其他物品。后来为了安全，把金银首饰寄回苏州，后来苏州老家因为开过商铺，成分被划为资本家，家产被抄，那些金银也不知去向。

1982 年，我妻子和母亲去扬州看望过大舅芮渠。老大芮渠在解放战争初期，曾南下去了香港，在香港一家报社站稳了脚跟。后来母亲芮陈衍泉叫他回来，于是他听从母亲的话返回扬州，解放后在扬州梅岭小学任语文教师。然而他南下香港的这段经历为他带来无尽的烦恼和屈辱，成了他的噩梦，那些年里，他的遭遇甚至比芮平更惨。

老三芮丞参加了解放军，曾参加过1949年解放军渡江战役，解放后在镇江市农业银行工作，曾被打成“右派”，改正后享受老干部离休待遇。

老四芮良跟随母亲来西安投奔芮平，在西安上高中，后来上西安石油学院，毕业后在潜江工作，后来调到南京，在扬子石化炼油厂工作直至退休。

2019年11月，我妻子和她父亲沈兆鸿一起去了苏州，她父亲出生的老宅中街路72号，沈家老宅已被全部拆除，原址上新建了五层的家属楼，地址是三茅观巷。

当年沈家的商铺“德丰祥”在苏州养育巷街，坐西朝东，清光绪年间开店，开店初期，曾祖父沈束璋时代，经营洋货，全面抗战后转营绸布，在养育巷一带属于中大型商铺，占地一百五十平方米，二层楼。父亲在德丰祥生活过六年，那是他的中学时代，他还记得，那时放学后中午去店铺午餐和午休。如今的德丰祥旧址上是一家史密斯热水器店。

他们还去了扬州，徒步走过了老城区，在广陵路，她父亲指给她看了他和她母亲芮平当年一起工作过的“扬州电信局”旧址，过去是著名的盐商周扶九的住宅，黄砖高墙，能够想象当年的气派。解放后，政府征用变成了扬州电信局，如今成了邮电局家属院，因为房子年久失修，院子十分破败，大概已是被人遗忘的角落。因广陵路的拓宽，当年电信局的前院房屋被商家所占，但他当年工作的机务室和芮平收发电报的屋顶阁楼还在，远远看去仍然清晰可见。因为收发电报使用摩尔斯电码，所以她的工作地点在高高的阁楼上，非常安静。没事的时候，

图 13 芮平、沈兆鸿及两个儿子。1961 年摄于西安。

就站在阁楼的窗前看风景，眺望不远处的瘦西湖和小秦淮河。

瘦西湖湖水荡漾，波光闪烁，不知隐藏了多少秘密和人间故事。

小秦淮河弯弯曲曲，一路向南流去，穿过城市和旷野，穿过岁月，流入了长江。

世事变幻，物去人非。那些过去的故事也随着河水流走了，再也不见了踪影。

1986 年我认识了我妻子沈家蔚，她母亲芮平已经于 1979 年退休在家。从谈恋爱到岳母去世，我从未听她说起过去的事。她对她的子女也很少谈及那些艰苦岁月里的事情。她去世后，留下这份汇报材料，我看了以后心里一直不是滋味，想起她的童年和少年以及青年时代的不幸，饥饿、贫困、无所依靠，以及那时的社会动荡、战乱、食不果腹、朝不保夕，读来真是心里酸楚得无以言表。岳母在国民党时期工作时间很短，断断续续算起来也就三四年，后来一生都在为新社会工作，她为人本分，胆小谨慎，勤俭节约，工作认真，多次在业务竞赛中获得好评。

由于电信工作的特殊性和神秘性，她屡次遭到检举，说她是特务，是潜伏的国民党间谍，这样对她无端猜疑，不仅人格受辱，还导致心情异常郁闷压抑而无法纾解，真有一种难以言说的悲哀。

整个汇报材料，尤其是我岳母芮平对自己家庭状况的描述，对自己参加国民党训练班以及在国民党电台断断续续的不到四年工作的梳理，我仔细认真看了几遍以后，其实只有一个感受，她在用自己的经历和所叙述的一切在为自己申诉：我不是特务，不是间谍！

这是一个时代的笑话。

是的，我妻子的母亲，我的岳母，她是时代潮流里的一片树叶，随波逐流，她无法掌控自己的命运，她只是一个为生存而努力活着的平凡的人。

坎坷求学路

何惺华

一

我的小学从济南老东门外的莪雅坊小学开始，中间转到火车站旁边的铁路二小上了两年，最后转到文化西路的三合街小学。在老师眼中，我聪明，知识面广，文字好，学习成绩优秀，还有些组织能力，所以到了五年级，我就当上了少先队中队长，在学校组织的各项活动中表现突出。但到了 1958 年小学毕业那年，我发现有些活动不再让我参加了，原来要好的朋友也有意疏远我，而且报考初中的地点和时间也不通知我，我是在报名截止的最后一天下午才知道的，匆匆忙忙赶去查体报名。尽管如此，我仍然充满信心，认为录取就是看考试成绩，而我小学主课的考试成绩，从来是名列全校前茅的。

但是事情的结果完全相反，由于父亲 1957 年在济南铁路局被打成“右派”，我作为“右派”子女到底未被录取。从“优等生”到“落榜生”，真是一个不小的落差。我终于明白毕业前夕同学那些冷眼和讽刺了，也领略了严酷的“阶级斗争”带给我的阵阵寒意。奶奶不能眼看“有出息”的孙子就这么失学了，于是带着我东奔西跑找学校，结果是公立学校全都进不去。没办法，最后只好在开学之前进了一个民办中学——历下民中。

民办中学是一些热心于教育的社会人士和公私合营企业出资兴办的私立学校。教学条件较差，学费却很高。历下民中位于省府前街路西，学校就是原来的山陕会馆。以今天眼光来看，那真是一座文物级的建筑，磨砖地面，楼台亭阁，从那油漆剥落的飞檐斗拱和刻花门窗，可以想见当初的壮观精美。我们的教室就是上下两层、又长又窄的廊房，座位拥挤，冬冷夏热，后边的同学为看不清黑板上的字叫苦不迭。

民办中学的老师多是社会上的旧知识分子和高中毕业生。教代数的周老师是退伍炮兵军官，教几何的宋老师是老高中生，他们的课都讲得很好。我就是受他们影响培养起对数学的爱好。由于缺乏仪器和试剂，物理和化学课有很多实验不能演示，动植物课更是照本宣科。学校由于经费不足，经常组织学生去“勤工俭学”，所以上课时间也不能保证。学校没有操场，体育也就免了。聊以自慰的是，在三年困难时期，连一些普通中学的操场也种上胡萝卜了。

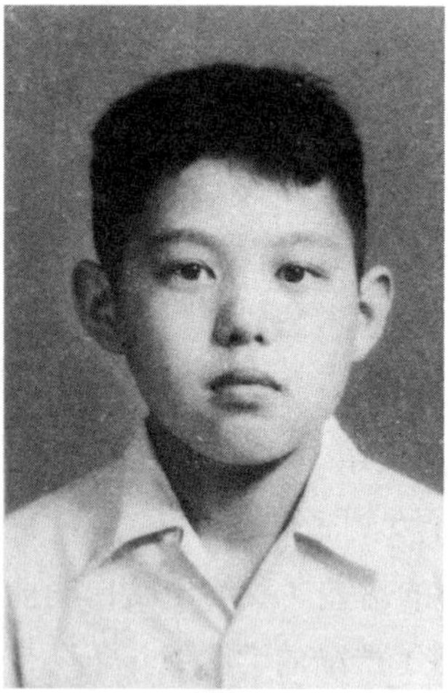
图 1　初中毕业时留影

历下民中的学生，有一部分成绩确实较差，他们大都家庭贫困，又赶上饥荒年份，所以很多人中途辍学，十几岁就被迫扛起了生活重担。还有一部分像我一样，家庭出身“不好”或者家人有“政治问题”，但家境略好，自己也有上学的愿望。我靠自学掌握了当时刚刚颁布使用的汉语拼音。山东师范学院田仲济教授的儿子田金祥，几何题别人用一种方法证明，他能用二到三种方法证明。时光、时明兄弟经常和我找老师讨论卫星和导弹。还有一个同学写得一手漂亮的毛笔字。这些人在困难的生活条件和低劣的教育环境下，也坚持完成了三年初中学业。

我有幸在火车站和山陕会馆度过了青少年的一段时期。这两处著名建筑，一西一东，一洋一中，堪称老济南的历史文明地标。可惜后来被人为拆毁，令人心痛不已！

二

1961 年初中毕业，考初中的前车之鉴和“民办”的自卑感让我们这些人都不敢有所奢望。多数人选择了找个工作挣钱糊口，只有少部分人选择报考普通高中或中专。我不敢报考离家很近的一中，只想到七中去碰碰运气。中考对我来说并不难，考完之后，我也不抱任何希望，开始盘算着找工作。

发榜的日子，我心灰意懒。经父母再三催促，我才勉强去了，出人意料地发现榜上第一行就有我的名字。回到家中，录取通知书也到了。幸福突然降临，全家人皆大欢喜。后来得到消息，田金祥等人也考上了高中。

那时的我们并不知道，中央领导正在反思过去几年的政策，即将召开的七千人大会，推行“三自一包”，落实知识分子政策，给“右派”甄别摘帽等，部分地消除“大跃进”和“一平二调”的苦果。而我们就是摆脱“极左”路线、政策回暖的受益者。

七中的学习条件好多了。我如鱼得水，博览群书，如饥似

图 2 与杨宝莲老师在济南合影。摄于 1988 年。

渴地汲取知识、培养能力。我不仅数理化成绩优秀，作文和外语也深得老师好评，多次被评为“三好学生”，还担任了代数课代表。高中三年，是我一生中最稳定最有效的一段学习时光，特别是数学（代数、几何和三角）和物理，学得非常踏实，为后来的自学打下了基础。

在政治活动、体育运动和支农劳动中，我也有很好的表现。记得有一次在灌溉渠道劳动时，我不只是简单地培土补漏，还找了很多碎砖石，砌在渠道内面，这样有效地减少了渗水，渠道也更耐用，获得带队老师的表扬。班主任杨宝莲老师十分关心我这个“三好学生”的政治进步，敦促我争取入团，但由于“出身”的紧箍咒，加上我又不善于做“思想汇报”，所以直到毕业，也未能跨入共青团的大门。虽说辜负了杨老师一片苦心，但师生友谊长存。

从 1963 年开始，政治氛围开始发生微妙的变化，出现了“千万不要忘记阶级斗争”的口号，“思想革命化”“重在表现”等词语也频频出现在报刊和政治课上。我在一次班会上提出“为祖国的科学技术发展而发奋学习”的观点，竟被教导主任评之为“白专道路”。我当时充满学习上进的热情，对这种泼冷水并不以为然。

高考前夕，还发生了一出滑稽戏，《大众日报》刊登了山师附中三个干部子女联名发出的一封公开信，号召应届毕业生不要参加高考，“上山下乡，锤炼红心”。这种表演虽然在同学中引起一阵躁动，但理智很快压倒了狂热，把戏也就草草收场了。后来的事实是，这几位“子弟”都被送进了一流的高等学府，没有一个上山下乡的。

根据自己的实力和爱好，结合几位老师的鼓励与推荐，我高考的第一志愿是北京大学数学力学专业，最次的也是山东工学院。考试水平发挥正常，自我感觉良好。我和几位要好的同学天天在大明湖护城河游玩，就等着录取通知书了。

生活又给了我当头一棒。我和班里学习最好的几位全部名落孙山，倒是成绩平庸的几个干部子女考上了大学。路线政策转了一个圈，又回到了原点，我们这些“可以教育好的子女”第二次被迫喝下苦酒，我们与大学彻底无缘。近来很多文章披

图3 高中时期与同学合影。前右一为笔者。

露“文革”之前高中毕业生都要经过“政审”，根据“家庭出身”和“政治表现”把毕业生分为三六九等，录取与否和录取类型早已内定。我不愿相信世上竟有这样的事情，宁可信其无，但事实总归是事实。

三

上不了大学，又不愿在社会上晃荡，我和几个相同命运的同学商量之后，决定“上山下乡”。1964 年 9 月，济南市五百三十九名高初中毕业生集体插队下乡到历城县药山公社。

谁能想到在药山的田埂上，我又遇见了历下民中的几何神童田金祥，遇见了当年三合街小学的竞争对手、附中尖子万普成，遇见了五中“数学小霸王”崔丹……这些才华横溢却因家庭出身和家人政治问题而落榜的才俊们，现在又汇集在药山脚下，一起为春播秋收，为改种水稻而出力流汗了。

多少次，当我扛着铁锹踩着露水出工或者拉着地排车运石头的时候，我总会想象在大学里听课的情景，这是多么好的学习时光啊！难不成这辈子就此荒废潦倒了？自暴自弃岂不是让那些欲置我们于困境的人得逞了吗？虽然剥夺了我们上学的权利，但是不也给了我们读书的自由吗？

就从数学开始吧，在药山安乐镇十一队昏暗的小房子里，我开始了自学生涯。我先把父亲的一本《高等数学》拿来“啃”。后来听说高中已经增加了平面解析几何一课，我就到书店买了一本自己学。生产队让一个同学当电工，他拿回一本《电工学》，我和他一块学习讨论。学数学一定要做题，知青点的旧报纸就代替练习本，木板床掀起被褥就是桌子。农忙的时候少学或暂停，冬闲的时候多学点。在不耽误生产队的农副业活计的前提下，积少成多，循序渐进。等到 1965 年底我们离开药山去九二三厂（胜利油田前身）当工人时，我已经学完了数学分析的微分学部分和全本平面解析几何。

我逐渐总结了一套适合于自己的自学原则和方法，就是始终把自学目标定位于实际应用，绝不涉足“××猜想”之类的纯数学游戏。学习中对书本上一些纯理论的内容（如存在性、唯一性与收敛性的证明）只做一般的了解而不深究，尽量采用已有的合适的定理和推论，直奔主题解决实际问题，从而取得事半功倍的效果。

图 4 济南七中第一批下乡药山知青合影。中排右三为作者。摄于 1964 年。

四

自学的动力来自学以致用。如果真在农村扎根，我可能也就慢慢学不下去了。命运把我带进石油工业，而我对供应工读学校（中专）的那些没有科技含量的课程实在不感兴趣。所以 1968 年毕业分配的时候，我毅然放弃了安定舒适的物资材料员岗位，自愿到工作生活条件艰苦的地质调查大队去。事实证明，这一次完全由自己做出的选择，成了决定我一生事业的关键一步。在侧重数理的地球物理勘探专业中，我的自学成果发挥了作用。工作伊始，凭着在药山自学的微分学和解析几何，我很

图5 在家中做数学习题。

快就理解了地震波时距方程和地层和断层面的空间关系，比别人更快地掌握了地震勘探资料的解释原理和方法，受到工程师们的注意。

在“文革”中，看专业书籍是很不合时宜的，但是刚刚踏进地震波世界的我，如饥似渴地希望学习掌握更多的东西。我从技术员那里借来中专的物探教科书，又从工程师那里借来苏联地球物理学家顾尔维奇的《地震勘探》，工作之余就看书学习。几本“文革”前的《石油地球物理勘探》杂志（“文革”中停刊）让我大开眼界。很快，随着接触的理论方法越来越难，工作中遇到的问题越来越复杂，地震勘探新技术不断更新，我发现自己的数学物理基础已经不够用了，我必须充电。尽管在野外地质队工作，但学习条件比农村好多了，周围的知识分子成堆，时间也很充裕。于是我开始系统地结合工作自学。

我花了四年时间，自学了赵访熊著的《高等数学》的全部内容。“文革”后又自学了樊映川《高等数学》讲义，做完了相关习题集的绝大部分题目。我还做了《高等数学的理论与习题》（M. R. 施皮格尔著）和《数学分析习题集》（Б.П. 吉米多维奇著）两本书的大量习题。在熟练掌握了微分方程、矢量代数、场论等数学基础之后，物理地震学中最核心最复杂的波动方程问题就迎刃而解了。

物理方面，我先通读借来的两本武汉大学《普通物理学》讲义作为入门，“文革”后，我买来程守洙著的三册《普通物理学》，重点学习其中的力学、电学和波动光学部分，并做了大量习题。我还有选择地阅读了著名核物理学家卢鹤绂先生主持翻译的《伯克利物理学教程》第三卷《波动学》，这本书是研究振动与波动的经典著作，内容丰富，对数学要求不高，但实验很多，对于我理解地震波的物理本质帮助很大。

在专业方面，我读了大量有关地震勘探、普通地质、构造地质方面的书籍。有些书通读，有些书则反复读几遍。美国 N. A. 安斯提的《地震勘探仪器》一书，对地震勘探的基本问题，做了追本溯源但又深入浅出的论述，语言生动简练，图文并茂，我一再阅读，笔记眉批，受益匪浅。专业知识的另一个学习途径是听，每年的地震资料成果会就是我的课堂，那些工程师和地质师的分析、讲评与辩论令我兴趣盎然，从中学到了许多书本上没有的经验、教训和方法。

数学与物理的继承性很强，如果前面基础没有充分理解掌握，就无法进行后面的学习。所以我宁可慢些，也绝不放过疑点，反复钻研琢磨，力争搞通搞透，实在搞不通就请教工程师和石油大学的老师。经过几年刻苦自学和实际工作的锤炼，我的数理基础和专业知识明显增强，业务能力日益提高。在担任资料解释组长期间，我多次参加油田和全国的地震资料成果汇报会，和专家一起讨论技术问题并参与决策和部署油气勘探工作。

1975 年至 1979 年期间，我参与一个地区的地震勘探工作，在资料解释工作中利用地层速度信息发现含油构造，为该地区发现高产油流并建成油田做出重要贡献。1981 年，我由工人被破格提拔为助理工程师，主持该项目成果科研报告的撰写。1982 年该项目获得山东省科技进步二等奖。同年我被任命为主管技术业务的解释站副站长。

图 6 在一次国际地球物理勘探会议上作科研成果报告。

五

20 世纪 80 年代中期，数字化地震开始兴起。尽管以前我已经零碎地接触数字电路和数字处理技术的资料，在实际工作中也已经用 Basic 和 Fortran 语言在计算机编一些实用程序，但要想迎接即将到来的数字时代，这点知识储备是远远不够的。为此我在1985年报考了石油大学的计算机应用专业高等函授班。二十年后，我在三十九岁时终于走进了大学校园。

函授教育中老师亲自授课的时间并不多，大量内容需要预习和自学，遇到疑难则通信解决。高等函授班的学员大多是在石油单位从事计算机工作的职工，虽然年龄大，精力差，但有实践经验，动手能力较强，有些学员使用的计算机和软件系统甚至比石油大学的还高级，所以对一些教学内容比较容易理解，有时还能和老师讨论研究一些专业问题。五年时间中，除了进一步提高数学与物理水平，我还进修了十六门计算机应用数学和计算机硬件与软件课程。通过考试和毕业设计答辩，在 1990 年本科毕业并获得工程学士学位。

计算机与网络信息技术发展极快，知识日新月异。通过函授，全面系统的理论学习使我们这些有一定实践基础的人如虎添翼，能够从容面对 IT 行业的飞速变革，与日俱进，终身受益。

这里特别说一下我的外语学习。我在高中学的是俄语，毕业以后几乎全部还给杨老师了。在“文革”后全民学英语的热潮中，我也跟着广播自学起了英语。我看了许多英语书，如《900句》和英文科普读物等，上过短训班，函授学了四大本英语，语法规则学了好几遍，具备了一定的阅读能力，看本专业的英

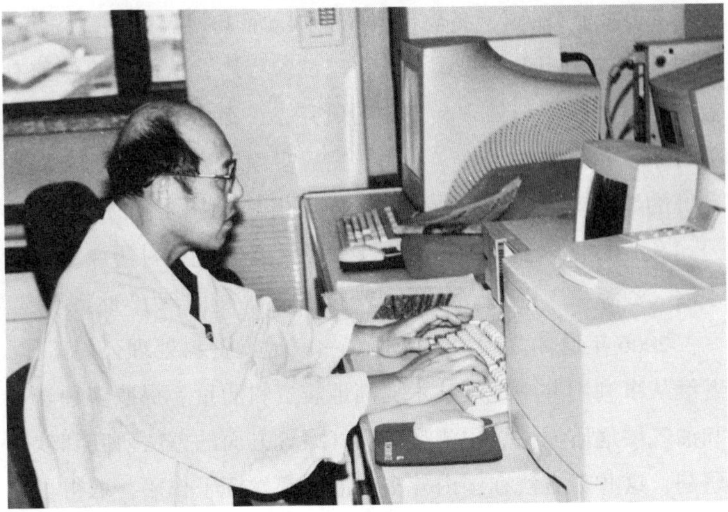

图 7 在机房工作。

文资料没问题，经常受人之托审校科技情报的翻译文章，给论文写个英文摘要也能勉力为之。但就是耳朵和嘴巴不给力，基本的发音不正确，一直过不了“听”和“说”这两关，到现在还是个“哑巴英语”。和外国技术人员在一起谈话，主动地说几句专业方面的不熟练的英语还凑合，但被动地听人家说就跟不上了。日常生活英语的“听”和“说”更是一头雾水，让人笑话。看来这辈子我在英语方面是没什么长进了。

六

从 20 世纪 80 年代中期起，我开始从事井中地震勘探和油藏地球物理新技术研究，从理论到实践都亲力亲为。由于既有数学和专业基础，又具备软件编程能力，所以一旦有一个新思路，我很快就能做出数学模型，编写出试验程序，从而能更快速有效地进行地震资料处理新方法的研究。在参加的三个部级科研项目中，我都发挥了骨干作用，完成多项研究课题，均取得了良好的地质效果。这些项目后来分别获得了中国石油天然气总公司和中石化总公司的科研进步奖项。看到这些科研成果变成了油气资源和产量，我深感"科学技术是第一生产力"此言不虚。

2006 年退休之后，我受聘在一家地震资料处理公司工作。继续从事利用井中地震技术提高地震资料质量、提取多种岩石和油气层地质属性、预测裂缝油气藏等方面的方法研究和软件研制，这些新方法在国内外多个油田都发挥了作用，取得了良好的经济效益，受到了甲方的赞赏。在石油物探这个行当里，我一直工作到七十岁。

从 1985 年起，我独自或作为第一作者（执笔）在各类刊物上发表科技论文二十二篇（其中国家核心刊物十二篇）。2008 年我写的《井间地震》一书由石油工业出版社出版，我也给书海加了一瓢水。有趣的是，1986 年，我参加《科学画报》与上海市力学学会举办的"身边的力学问题"征题征答竞赛，居然得了优胜奖，奖品是一本巨厚的大书——《辞海》。

今天，我坐在书房里，抚摩着那些由于多次翻阅已经破损发黄的"老朋友"，回想和他们共同度过的岁月，思绪万千。

一个社会，"有教无类"，方显公平；优胜劣汰，才能进步。

一个人，无论身处何种环境，都应自强不息，充实自己。学而时习之，孜孜以求之，漫漫修远路，唯读书为乐。

学而然后知不足，活到老，学到老吧！

老兵应邦铭的自述

龚玉和

2018年4月9日在浙江诸暨，我们探访了抗战老兵应邦铭，聆听他的传奇经历。

以下是应老的自述。

我1919年7月23日生于浙江省诸暨市岭北镇，爷爷率领全家人在太平山开垦了数十亩荒地，春季掘笋采茶，秋摘桐籽挑番薯，家业中兴，成了岭北小康人家。

1939年陆军官校在浙江东阳招生，我与几位朋友参加考试。录取者在金华集中，前往王曲七分校。我们在金华坐火车至江西东乡后，徒步行军。一路上，目睹沦陷区逃出的难民，扶老携幼，源源不绝；眼见河山破碎，田园荒芜，民不聊生，加深了投军报国决心！

图1 少年应邦铭

为了躲避敌机轰炸，大家昼

图2 应邦铭儿时三兄妹

伏夜行，还要绕道。自东乡至湖南株洲一千多里路，走了两个月，病者多，医药少，到了湘潭才停下整休。国难当头，强敌进犯，民众崇尚军人，见学生军列队而来，纷纷拿出米酒、点心、水果慰劳，表示对从军报国的嘉勉。

休整后，绕过封锁线，自津市进入鄂西，一侧是悬崖峻岭，一侧是万丈深渊，稍有不慎便有粉身碎骨之虞，到达樊城又一次休整。

自樊城往北，进入豫西平原，不再昼伏夜行，见到一望无际的平川，不由喘了一口气。军校在望，若干天后就可以到达目的地，不由欣喜若狂，疲惫顿消。

10月底，经历千难万险，冲破重重防线，终于到达校本部陕西王曲。

我因近视，被改编到军需班，期限一年。1941年毕业，同学大多奉派到前线。

我奉命到浙江松阳接收保安处代为招收的一千五百余名新生，由沈策少将任团长，官佐百人，1941 年双十节从王曲启程，12 月抵达松阳。沿海大中城市相继沦陷，许多沦陷区青年流落到浙南山区。由此，校方选择山城松阳作为新学员集训地。未料日军先后攻占宁波、温州，再次发动进攻，青田、丽水相继失守，松阳危在旦夕。

1942 年 7 月接收团进入闽北浦城、水吉，行程六百余里，又一次昼伏夜行。

凌晨，每到一个村镇，师生只得露宿街头或村野。过水吉时，鼠疫横行，瘴气肆虐，居民为避战火瘟疫，纷纷外逃，十室九空，举目望去，满目疮痍，惨不忍睹。

到了建阳，山瘴水恶，危及人命，病者骤然增加，呻吟呼号，不忍听闻。患病学员虽经驻地长官与民众合力抢救，仍有二十七名不幸赍志而殁。沈公悲痛欲绝，特于邵武墓地举行公祭，亲题挽联："求仁得仁，以死殉君志，总是丹心照日月；育才失才，养生愧我心，徒照热泪断肝肠！"

离开邵武，辗转进入赣省，抵达樟树，已入隆冬，师生衣衫单薄，冷冻难熬。幸得省府及驻军资助，同时接收了在赣州招募的新生，继续向赣西进发。

翌年（1943）1 月抵达湘潭，时届岁末。为等候衡阳、韶关新生，遂再作逗留。

湘潭，民风淳厚，湘人好客，对志士从军报国，多有仰慕，殷勤款待，感人至深。

在湘潭期间，军民融洽。官兵行军年余，风尘劳累，此番休整，顿觉精神倍增，先成立战声剧社，后组织篮球队与各界进行友谊比赛。还做了两件善事：一、陈良书同学率乡民抢救美军失事飞行员得庆再生；二、沈策团长调解浙江公会为公山纠纷解决息讼。

可以说，接收团驻湘数月，为北上之黄金时段。留湘倏忽半载，时日寇发动鄂西战役，原拟穿越洞庭湖“经鄂豫入陕计划”随之破局，迫于形势，只好南走桂黔，易道川蜀入陕。由此，我们从湘潭出发，经衡阳、桂林、柳州至独山，全程两千两百里。

先乘火车抵金城江，下车徒步，时值酷暑，烈日当空，炎热难当，官兵背枪负包，深入不毛之地。穷山恶水，山势险阻，大家忧心忡忡，生怕重蹈闽北之灾！

行抵独山，欣闻我军鄂西大捷，举国欢腾。为此，调整行军路线，折回湘潭，仍按原计划，取道鄂西入陕。

7 月 3 日回到湘潭，稍事休整，即雇舟横穿洞庭湖，其时，洞庭湖东部仍为敌占区，为安全起见，船队在湖西潜行，经沅江到津市，稍事休息，徒步走鄂西。

鄂西山地，峰高岭峻，羊肠小道，弯弯绕绕，异常艰难，尤其过蚂蚁山，悬崖壁立，道路如天梯，只容单人，抵达落步滩时，人仰马翻，力不可支。

此一行程，实为接收团万里征程之最艰险一段。

8月接收团穿越洞庭湖，抵达津市，往北进入鄂西，崇山峻岭，道路险阻。沈策为便于大部队行进，决定将病弱生员编入病弱队，派我为领队。时我已是少校军需，在大部队后面慢步行进。病弱队二十六人，在鄂西山区行进十余天，于 9 月 21 日到达三斗坪，大江在望。

三斗坪，濒临长江，位于西陵峡之西，东距敌占区宜昌仅三十余里，四山环绕，峰高岭峻，为鄂西北之要冲，江水奔腾咆哮，似雷鸣电吼，礁石浮没水面，滚滚长江，至此形成漩涡，行旅视为畏途。所幸接收团大部分人已于一周前渡江，只有我带领病弱队与行李断后。

9月22日雇得一艘木船。是日，天气晴朗，公文行李先行，学员依次登船。上船后，大家谈笑风生，神态自若，只见褚敬徽独自坐在船头，手拉二胡，神态飞扬，约二十分钟后，木船驶入江心，水流湍急，奔腾不息，船身颠簸，行至白庙子，但见江中礁石林立，漩涡一个接着一个，见此情形，众人正襟危坐，屏息无语。

几分钟后，木船驶入马尾水，只见两道激流直击过来，汇成一处，形成大漩涡，直冲小船。船夫拼命划桨，终不能脱离险境，瞬间，船舱进水，但闻“哗拉”，一个巨浪扑来，打翻小船。客人全部落水，眼前一片漫漫，船覆了。我不谙水性，神志尚清，双手紧抓船舷，用力向上顶，只为船舷挡住，不得而上，不由倒吸一口水，自忖必死无疑，葬身大江心实存不甘！求生欲告诉我，船底虽翻覆，仍浮在水面，终有一线活命。一手抓住船舷，一边将身体向外移，另一只手将身体向上跳动，则见到青天了，又见船背已立着很多人。船工见有人浮出水面，急忙将我拉上船背，混乱一片，有识水性者在波涛里搏斗，也有人抓住木头或什物，拼命挣扎、呼喊！十余分钟，对岸驶来一艘木船，将打翻的小船拖往浅滩，木船恢复原状后，舱里居然还有三个活人。

原来，船浮在水面，舱内仍有空气，还有存活希望。他们说，困在船舱只有十几分钟，犹如度过了一年，而我落水才一二分钟，生死只在瞬间。

获救学员十九人，殉难者七人，我们将遇难者埋在白庙寺

图 3 1943 年 9 月 22 日，黄埔七分校十九期覆船脱险后在江边留影。左十一为应邦铭。

图 4 1945 年 6 月 5 日，西陵覆船脱险官生在母校合影。后排左起依次为：李崇孝、褚敬徽、曹荫鹏、杨纯一、陈锜、骆仲英、陈治民；后排左起依次为：金立仙、褚伯群、袁庚祥（医馆）、应邦铭（领队官）、周襄、斯壮灿。

图 5 1948 年，应邦铭夫妇在徐州。

后的山坡上。

回首旧事，写了两首诗。其一："青年报国意昂扬，万里从军去长安；祖国大地任驰骋，烽火声里渡长江。"其二："急流险涡长江浪，吞噬多少英雄汉；白庙寺前埋忠骨，男儿何处不青山。"

离开时，忽飘细雨，仰若苍天有眼，神明垂泪，江水哽咽！

怎忍心抛下遇难弟兄呢？在场师生，无不失声痛哭。

此次，实为接收团邵武遭难后，又一次惨痛泪迹也！

又经过十余天艰苦行军，在老河口与大部队会合，自此，病弱队解散，继续北进，进入豫西平原，时值深秋，一路上，天高云淡，景色澄清，士气大振，行军一个月，到达洛阳，第一战区长官司令部驻地在洛阳。长官司令蒋鼎文闻讯，家乡有志青年不远万里从军至此，欣喜之余，亲到驻地慰问。自洛阳始，搭陇海线火车至长安。

11月26日官生一千五百余人整装下车，昂首阔步，穿越古都，步行五十里，到达军校。此次历经浙闽赣湘桂黔豫陕九省，行程一万四百五十一里，为时一年又四个月二十二天，艰难险阻，堪称艰苦卓绝，无与伦比。

抗战胜利后，我返回岭北，结识一位姑娘周寿珠，我们很快就结婚了。

我当时为中校，寿珠师专毕业。我们渴望定居下来：富家坞高山环抱，层峦叠嶂，山环水抱绕村过，大岩峰雄踞村北。凡过往者见了，无不夸道，一块风水宝地！

未料，战事骤起，我奉召到天津，两人聚少离多。1946年在联勤总部被服厂任中校工务科长。1948年调到总部任上校主任。12月淮海战役进入决战阶段，遂乘家属疏散，偕妻辗转桂林。1949年寿珠生了一女，取名应小珍。

那年，桂林解放。我带着妻女回到家乡，以务农为生。

他叫鲁绍先

陈 虹

那是20世纪60年代初，正值“三年困难时期”，小学刚刚毕业的我，仍旧是懵懵懂懂，不谙世事。但是有一件事却刻入了脑海，至今记忆犹新：那是与吃有关，真真切切的与吃有关。一天，父亲不知从哪儿搞到了一只羊腿，而且是黄羊的腿，他告诉我们，次日将有一位远方的朋友要来家中做客。

客人长什么样，我没有见到，那天中午我被弥漫于厨房的腥膻气给吓跑了。有人喜欢吃羊肉，且称其为奇妙无比的美味，而我偏偏对它充满抵触，哪怕是在饥不择食的当口，也要拒之于千里之外。为此，我远远地逃走了，一整天都没有回家。于是这位“贵客”是谁，我不知道；父亲为何要通过多方关系去想方设法招待他，我也不知道。

一晃三十年过去了。那是1990年的冬天，一个意外而又惊喜的机会降临到我的头上——四川省社科院召开有关抗战文学的研讨会，作为研究者之一，我被邀请前往参加。成都是父亲曾经工作和战斗过的地方，1943年7月，在周恩来同志和中共南方局的安排下，他和应云卫等人率领着中华剧艺社由重庆转战成都，开辟新的战场。在这里，他被推选为中华全国文艺

图 1 1960 年，父亲陈白尘（左）和张天翼（右）在八达岭长城上。

界抗敌协会成都分会的理事；在这里，他担起了主编《华西晚报》副刊的重任。

车辐先生是父亲的老朋友、当年《华西晚报》的老同事，听说我的到来，兴高采烈地充当起了向导，带我游遍整个蓉城——杜甫草堂、武侯祠、青城山、都江堰……最后一站是春熙路，他让我美美地享受了一顿有名的成都小吃。那天在餐桌旁，他笑眯眯地看着我，有似猜谜般地说道："明天带你去个地方，带你去见一个人……"

第二天的上午，车辐先生的儿子亲自驾车带领我们来到了郫县（今成都市郫都区）。这是位于成都西北方向的一个小县城，尚未开发与建设。城内街道狭窄，建筑拥挤，汽车七转八弯终于开到了县政府的大门前。一位身着中山装、满脸堆笑的老人立即迎了上来，看样子，他已经站在朔风中等候我们多时了。

“我叫鲁绍先。”他自我介绍说，同时伸出了双手。

这，就是车辐先生要带我见的那个人；这，就是当年来北京家中做客却又与我未曾谋面的那个人。而我却一片茫然：茫然于他对我的到来所持的那片期待与热忱，茫然于车辐先生瞒着我事先所做出的这一安排。

鲁绍先的家就在政府大院的后边，刚刚坐定，车辐先生便掏出一张报纸——1985 年 5 月 27 日的《四川日报》，上面刊登着车辐先生以笔名“杨槐”发表的一篇文章《张天翼在成都》。报纸已经泛黄，但没有丝毫的破损，我迫不及待地读了起来：

> 作家张天翼同志最近病逝于北京，终年七十有九。1945 年，张天翼患三期肺病，陈白尘托巴波为他找个安身养病之所，提出两个要求，住地在政治上要安全可靠，还要有人在生活上给予照料。……端阳节前几天，一乘滑竿抬了病势垂危的张天翼，由陈白尘、巴波从城内五世同堂街《华西晚报》白尘的临时住地，送到两路口。那时，鲁绍先正准备结婚，他把光线充足、空气流通的新房让给患病的张天翼，而他自己结婚时则搬进了一间小小的没有窗户的房子里……

这个故事我听说过，这个名字我也听到过，但是没有想到，今天，在远远的四川郫县的县城里，二者竟然重合在了一起。望着眼前的这位身材瘦小的老人——一副宽边的玳瑁眼镜，一脸温和而谦逊的笑容。刹那间，我如同梦境般地走进了那个遥远而又真实的年代。

那一年，鲁绍先只有二十三岁，正是风华正茂、意气风发的年龄，从事着报纸杂志的校对和发行工作。父亲由衷感谢他，是因为在他的帮助下，拯救了一位著名作家的宝贵生命，他千方百计地想要报答他，而当年的那区区一只羊腿，又怎能抵得过这一救命之恩；鲁绍先真心感激父亲，是因为父亲让他结识了一位文坛巨匠，一位于后来带领着他走上革命道路的前贤先驱。

我在郫都区政协的官网上查到了有关他的介绍：

> "张一之"先生在鲁家疗养了一段时间后，鲁绍先才知道这位张先生原来就是著名的左翼作家、曾亲为鲁迅抬

图2 难忘的会面。右三鲁绍先，右四车辐，右五鲁夫人，右二为笔者。

棺下葬的张天翼。当时张天翼是国民党特务重点关注的人物，鲁家收留他，是一件很危险的事情。鲁绍先得知真相后，不仅没有改变主意，反而还在其后的几年里，陆续收留曾巴波、张漾兮等十多位敏感人士避难。在安靖乡的河心地，这些在中国革命史和文学史上熠熠生辉的人物，乔装成本地农民耕作劳动，避过了国民党的政治迫害。

也就是在这一时期，年轻的鲁绍先开始大规模接触革命思想，他参与了《自由画报》的创刊和发行。这是一份在“反内战、反独裁运动”中诞生的报纸，报纸实际上是中共地下党领导的，发刊词仅六个字：“不自由，毋宁死！”革命的氛围点燃了鲁绍先的生命激情，也从此指引了他的人生道路。他和张天翼、程西虞、曾巴波、张漾兮在安靖成立了五人小组，学习共产党最新的方针政策，在国民党的白色恐怖中展开斗争。1948 年，鲁绍先正式加入民盟，他的人生终于融入了波澜壮阔的革命斗争之中。

那天，坐在鲁绍先家的客厅里，我嗫嚅许久，说不出一句话来——替父亲表示感激，我没有这个资格；替张天翼伯伯表示感谢，我不具备这一身份。我只是在脑中搜索着那段历史的背景，那段连当年的鲁绍先都不知晓的历史背景，想尽快地将它还原。

全面抗战爆发之后，大后方作家们的生活窘迫万分。因贫而病，因病而更贫，终使不少人挣扎在死亡线上。1940 年《蜀道》编辑部首次召开座谈会，讨论如何保障战时作家们的基本生活。《新华日报》及时发表了《给文艺作家以实际帮助！》的社论，强调：最实际的帮助，应该是“提高文艺工作者的政治地位”，“在法律上保障文艺工作者言论出版自由和不受恶势力的袭击”。1942 年中华全国文艺界抗敌协会召开茶会，再次商讨如何提高稿费与版税的问题，中共南方局通过《新华日报》的短评明确指出：关键的问题，是必须“请求政府尽量予出版物审查和寄递上的便利”。这“便利”二字的内涵，明眼人无不知晓：这是对国民党文化专制主义的抗议。仅以重庆地区为例，1941 年至 1942 年间，共有一千四百种书刊遭到查禁；1943 年，又有一百一十余部剧本遭到禁演……为此，1944 年 7 月，中华全国文艺界抗敌协会终于面向全社会发起了一场规模巨大的“筹募援助贫病作家基金”的运动，并使它有计划有步骤地汇入国统区声势浩大的民主运动之中。

在此期间，《新华日报》每天都刊登大量的读者来信，给予这一运动有力的声援——“人类文化的工程师们今天已经不仅到了在死亡线上挣扎，而且到了非救济就不能活命的程度。这种耻辱不能怪罪作家朋友们，而要怪罪国家的无确切办法与社会漠然视之的心理。”“我们晓得黑暗是不会长存的，而现在即是黎明前最黑暗的时候，愿你们能够更大胆地正视黑暗，揭发黑暗。”……这一封封的来信代表着《新华日报》的声音，它们揭示出造成作家贫病交困的真正原因，指出只有彻底推翻这一切，广大的作家以及全国的百姓们才能真正摆脱受压迫受奴役的命运。

文协成都分会也一马当先地行动起来，在理事会的领导下，以多种渠道为贫病作家募集钱款。很快，叶圣陶便代表分会向总会的负责人老舍发出喜讯，告知成都分会将有可能募得五十万元！

也正是于此期间，已被宣判为肺病三期的张天翼，千里迢

图 3 作者重访中华全国文艺界抗敌协会旧址。

迢来到成都，投奔于早在左联时期就已结识的老友陈白尘。身为文协成都分会理事的父亲，立即在他主编的《华西晚报》副刊上披露了这一消息。一时间，关注的信件如雪片般飞来，而投稿者们无不在稿件末尾注上“稿费移赠”四字，以尽自己的绵薄之力。

然而，这一笔笔雪中送炭般的钱款，对于医治肺结核来说，可谓杯水车薪。不因别的，只因当时在国内，根本没有有效的药物能够医治，尤其是到了第三期，那就等于被宣判了死刑。仅以剧坛为例，此前活跃在舞台上的著名演员施超、江村等人，便都因为罹患肺病而撒手人寰；我的母亲金玲以及中华剧艺社演员项堃的夫人阮斐，也都因为此病而命悬一线。父亲在《哭江村》一文中这样写道："肺结核需要的是良好的营养，良好的休息，你说在我们这'衣不求暖，食不求饱'的生活条件下，是可能的么？肺结核需要到高原地带和空气干燥的地方去休养，如今我们已经寸步难行，还能迁地疗养么？肺结核需要的是良好的心境，而我们终日生活在苦闷、流亡和呼吸窒息的天地中，又从哪儿来愉快的心境？"他焦急，他忧心，他知道必须想出新的办法，才能保证病人能够有"良好的营养""良好的休息"，特别是"良好的心境"。

巴波就是在这样的情况下，受命于自己的老师陈白尘，亲自去为张天翼寻找养病之所的。——他选中鲁绍先，是因为二人堪称莫逆；他相信鲁绍先，是因为他具备这样的条件。其一，鲁家的祖上是当地的首富，在经济上具有一定的实力，完全可以担负起这一使命；其二，鲁家的上一辈中，有人身为袍哥中的龙头大爷，又称舵把子，这便成为一把保护伞；其三，亦是最重要的一点，鲁家具有乐善好施的家风，父母二人不仅热衷于平民教育，而且多次救助过患病与饥饿的难民。巴波在文章中这样写道："我相信，我所托付的人是符合白尘老师的条件的。起初他也曾不放心，亲自跑到两路口去查看，见情况属实，终于安下心来。"

就这样，鲁绍先被选中了。而这位二十三岁的年轻人，听完巴波所提出的一切要求之后，竟然没有丝毫的犹豫，一口便答应了下来，毫无芥蒂地将一个陌生的肺病患者接到自己家中。——此病极易传染，他心知肚明；此病需要精心调养与护理，他一清二楚。他对家人谎称，张先生是自己中学时的老师，于是顺理成章地将其安顿在了位于安靖的老家中。

他所做的第一件事，是将已经装修好的准备结婚用的新房腾让了出来——据巴波介绍，屋内铺有地板以隔潮，房顶盖有稻草以保温，长长的一面南墙，全部装上玻璃窗，不仅清洁明亮，而且冬暖夏凉。他所做的第二件事，是专门饲养了一头奶羊，以供病人充足的营养，他亲自挤奶，亲自消毒，亲自端到病人的卧榻旁……仅仅一年的时间，在无任何特效药品的情况下，张天翼奇迹般地恢复了健康。鲁绍先笑了，他终于圆满地

图 4 依依惜别。右三鲁绍先，右四车辐，左一的我手中拎着主人赠送的郫县豆瓣酱。

完成了任务！

就这样，鲁绍先不仅完成了陈白尘交给他的任务，他更于不知不觉间加入了这场由共产党领导的“筹募援助贫病作家基金”的运动之中，加入了这场于国统区内发动的声势浩大的民主运动的洪流之中。

那天在鲁绍先家做客，我颇感尴尬与内疚，因为事先没有准备，竟空手而去。然而作为主人，他却捧出了一包郫县豆瓣酱：“这是我们家乡的特产，当年白尘先生在成都时，亦是他的最爱。”

面对他的这片真诚，我无语回报，那是他对父亲的思念，那是他对历史的回望。淳厚而文静的他少言寡语，短短几个小时的会面，竟基本没有开口——既无一言的表功，亦无半句的夸耀，好像车辐先生那滔滔不绝的讲述，说的是别人，是与他毫不相干的别人。我站起身来，恭恭敬敬地接过他递上的这一礼物，我的眼眶湿润了，向着他，向着这位义薄云天的老人，深深地鞠了一躬。

他叫鲁绍先，当年只有二十三岁。我牢牢地记住了这个名字，也要让历史牢牢地记下他的名字。

·更正·

《老照片》第一四五辑第44页图4说明有误，应为“前排左至右依次为：倪锡纯、未知、倪桂珍、倪桂金、倪秀珍、倪蕴山夫人”。其中左二女子身份无考。又，因临时调整封三图片，未相应更改内文，第11页“见封三”应删除。特向作者和读者表示歉意！

李敬泰与“梁山春游”旧照

杨 惕

李敬泰是陕西渭南人，他有着许多不凡的经历，见过许多不凡的人物。

李敬泰在家乡和西安等地读完了小学中学，1923年8月考入上海大学社会科学系。这所大学实际是中国共产党在早期培养干部的园地，系主任是瞿秋白，教育长是邓中夏，教授有张太雷、蒋光慈。1924年秋，李敬泰在大学里加入社会主义青年团，上了半年团课，讲课的是恽代英。1925年春加入了中国共产党，同年5月4日经组织安排离开上海前往北京，到北京后在苏联大使馆学习，期限一个月，主持学习的是李大钊。学习结束前李大钊亲授过演讲训练，学习一个月后被委派到国民军第二军，搞宣传工作并担任副营长，驻地在河南辉县，1926年年初，他所在的部队被阎锡山的军队打散，他又回到北京。

1927年李敬泰奉调由北京回到陕西，短暂担任过中共西安第二部委书记，后又调任国民革命军驻陕总司令部政治部编辑主任，直至四一二反革命政变后离开。当年9月到华县咸林中学任教，并于次年参加了渭华暴动。

去咸林中学任教是李敬泰二十多年教师生涯的开始，而参

图 1 陕西省立汉中女师校门。摄于 1936 年 11 月 22 日。

加渭华暴动又使得他的教师生涯因“共党嫌疑”变得起伏跌宕，聘用和解聘形影相随，在省立和私立学校中频繁挪腾。

陕西省立汉中女子师范学校创建于 1927 年，李敬泰于 1936 年 8 月到 1937 年 6 月在此校任教。有关他如何来到这所学校以及如何被迫离开，在他的自传中是这样叙述的：“……1936 年 2 月到 6 月在西安私立尊德女子中学教书，月收入仅能维持生活。4 月某日上午，在现今陕西日报社前遇到国民党特务潘士杰……他已经把我所在的学校探听清楚了，下半年我就被解聘。武伯纶向该校校长李西园说情，方知我被解聘都是特务从中作祟。说情无效，当日故交姚化晴怜悯我失业生活困苦，设法介绍我到陕西省立汉中女子师范学校……这个学校的教职员大多数一般化，只有胡文骐（图画劳作教员）年轻进步。学生们因为受红军徐向前部队经过汉中的洗礼，思想进步的很多……我到汉中女师任教的事潘士杰早就知道了，这里的国民党党部也时刻注意着我的行动。1937 年 4 月的某日，胡文骐突然遭到当局逮捕，事后始知是介绍学生去了延安……6 月底学期考试完毕，我回到西安，校长雷湘时借故不发给我 7 月份的薪水。我去信质询，雷初则以学校所费不赀为理由，继则以‘共党嫌疑’威吓我，坚执不发给……1937 年 8 月，姬德邻（咸林中学故交）活动上了陕西省立兴安师范学校校长一职……我被聘为国文教员。这时失业的我也不顾路途太远（校址在安康），

图 2 登梁山途中憩息。摄于 1937 年 3 月 31 日。

图3 登梁山时情景

只要能在中等学校方面有一碗饭吃就不再考虑其他了……教员中有河北、山东、山西、绥远等省逃出来的知识分子，学生进步的不多，好在潘士杰于西安事变的当儿已被赵寿山枪决，我的政治面貌了解的人可以说很少了……”

李敬泰在汉中女子师范学校讲了十个月的课，虽然他的“共党嫌疑”的身份在当时并未消除，但应该说这段教学生活还是比较轻松惬意的，这一点由照片中他的神态就可以看出。由这组照片中还可以看到一群健康活泼的女师学生们的笑容，阳春三月正是汉中暖风轻拂的季节，老师带着她们去汉水之旁的梁山春游，她们欢快地行走过田埂地头，枯水季的汉江向她们展开银色的宽阔河滩，渡河的木桥古朴坚实，就像从蜀汉三国时就已经架在了那里，等候着青葱般的她们鱼贯而过。

为了替这组不乏诗情画意的照片丰富一些背景资料，我们进行了广泛的搜寻，最终却发现，这所创建于1927年的学校几

图4 登梁山归来途中，在安家院内午餐。

图5 登梁山归来过汉江时。

近被时代所忘却。有关这所学校的各种资料均难以寻觅，1937年时的学校建制和师生名册更是一片空白。我们能找到的全部资讯是1940年冬，因日机轰炸和教育经费奇缺学校停办。

1937年七七事变后中日战争全面爆发，此时距女师学生梁山春游仅仅过去了三个月，她们在战争突然降临后还能有稳定和温饱的学习生活吗？1938年3月13日，二十四架日机首次轰炸汉中，汉中汽车站等多处被炸，女师校舍会不会也在被炸之列？那群曾经像快乐的小鹿一样攀登在梁山上的女师学生们此时会不会陷入恐惧？会不会在日后的连续轰炸中遭遇死伤？一年前李敬泰因“共党嫌疑”离开女师，此时的他正在安康陕西省立兴安学校任国文教员。安康迟于汉中也开始经历日机轰炸，李敬泰在日记中详细记录下日机对安康犯下的每一次罪行。在1940年9月6日的日记中，他悲愤地记录下当天日机轰炸导致他的学生死亡七人，重伤七人，轻伤六人。他不知道的是，

图6 在汉江边净手。

他曾任教的汉中女师在他写下这篇日记后的冬季，遣散了全部学生，关闭了校门。

按常规学期推算，照片上的学生们在学校停办前就应该毕业了，她们伴随着日机的轰炸，在教育经费奇缺的条件下完成了学业。她们毕业后会分散于汉中各县及乡镇小学，她们会初为人师，再为人妻，再为人母。相信她们中的许多人终其一生

图 7 1937 年春，陕西省立汉中女师教师李敬泰在校园中。

图 8 1937 年春，饭后课余，李敬泰与汉中女师的教员在校园中。

都不会忘记战争爆发前的那次春游，相信她们会把这次春游的故事讲给自己的子女，讲给自己的孙辈，告诉他们，在许多年前，曾经有一群女孩如何在金色的晨曦中走过长长的汉水木桥，如何在和煦的春风中走过菜花飘香的田地，如何自由自在地奔跑在绿草如茵的山坡上。当然，最后也可能再加上一句："那天，有个叫李敬泰的老师追前追后给我们拍照，也不知道这些照片还能不能找到？"

（本文附照均为李敬泰摄，原始资料由李敬泰长孙李天铎先生提供）

庙宇作杏坛

侯 桢

近日翻看家藏老照片，最早的当属民国二十六年（1937）四月十八日的一帧（图1），背面写“游罢归来”和日期。照片上山野峭壁，七位青年散坐或站立在山间崎路上。这是舅父们和同学在山西省浑源中学上学时，结伴游览归来在路边用自带相机所摄，因头像较小，不易辨认人物。那时小县城里相机绝对是稀有奢侈品，而且再过几个月，七七事变发生，学生中不少人便相继西行避难去了。世事沧桑，照片弥足珍贵，只是八十多年过去，已经找不到能辨识他们的人了。

1966年7月1日，我在城关完小九十二班毕业的纪念照（图2），距今也五十五年了，细看细思也颇具时代感。照片背景是浑源文庙的大成殿，当时作为学校礼堂，上方可见一排斗拱，下边汉白玉二龙戏珠的雕刻就在我们脚下，那时普遍没有文物保护意识，平时大家随意在上面嬉戏玩耍。后边窗户下的大字报，估计是大批判文章之类，当时还没有开始冲击校长、老师，秩序还算井然，张建功校长端坐在中间。我们前排同学被要求手捧《毛泽东选集》，没有的话其他革命书籍也可以。2019年北京浑源中学校友新年联谊会上，见到张校长女公子张彩玲，还一起聊天，拍照留念。

老照片记录了过去的一瞬间，引起无尽的追忆与遐思。

北岳恒山和悬空寺，就在我的故乡山西省浑源县境内。1937 年的那次春游，是学生们紧张学习之余难得的放松，随意而恬淡。照片画面，应该是在游恒山归来，悬空寺南边对面的山路上。那时这是从恒山前山回县城的必经之路，后来成了恒山水库的所在，照片里可见北魏古栈道插孔的痕迹。

岂料不到三个月，日本鬼子的枪炮声破坏了这一切。偌大的华北放不下一张安静的书桌，学生们不愿在日寇的铁蹄下生活，离乡背井，西渡黄河，流亡陕甘，艰苦求学，备尝艰辛。大舅父李明训患肺结核，因得不到及时合理治疗，大学毕业前

图 1 舅父们和同学游玩时留影。

夕不幸魂断异乡，给亲人留下永久的伤痛和思念；明馨舅、明经舅在新中国成立前后相继完成学业，分别在西安、兰州任教，一辈子教书育人。他们曾经谈起在甘肃天水的国立第五中学上学，是记忆中流亡学生最为快乐的时光。

首任校长查良钊是民国著名教育家，浙江海宁人，是著名诗人、翻译家查良铮（穆旦）和著名武侠小说大师查良镛（金庸）的同族同辈弟兄，真正的名门名人。校址在天水城北天靖山麓的玉泉观。2003 年 5 月 1 日五中校友在玉泉观纪念建校六十五周年，敬立国立第五中学纪念碑，其云："校长查良钊，亲率度关山。辗转行千里，分批抵陇南。总校设天靖，国立五中建。本部在玉泉，分校设三县。甘谷大象山，孔庙大成殿。秦安泰山庙，礼县北后牌。原本是庙宇，权且作杏坛。"

1938 年春季，查校长率领东北、华北沦陷区及西安收容战区师生一千七百余人，步行到天水，选择陇东南道教圣地玉泉观为校本部，5 月 1 日正式创立国立第五中学。老师来自沦陷区，大多毕业于清华大学、北京大学、南开大学、山东大学、山西大学等名校，一时名师云集，如薄坚石、陆会川、高象九、张乾一、陈前三等。他们思想活跃，知识广博，有教无类，因材施教，提倡讲练结合，注重技能训练。陈连绶先生，字前三，山西平定人，是"曾、祖、父三代高甲的宿儒"，古典文化根底深厚，诵读抑扬顿挫，讲解精辟细致。同为五中校友的当代诗词界名流霍松林、著名诗人牛汉和马作楫都认为，他们的成就得益于陈先生的奖掖教诲。1973 年 2 月陈先生于天水去世，舅父李明经时在兰州西北师范大学任教，不胜悲切，赋诗悼念："垂老失明好息机，听泉林下愿终违。陇头水暖花初发，山右云闲客未归。生耐风霜常正大，死留气韵自芳菲。及门愧我无成效，欲赋招魂泪满衣。”

当时五中主要接收沦陷区的北方学生，享受“官费”，学费、伙食费全免，每年还有一套校服，虽然因陋就简，粗蔬淡饭，但是对于颠沛流离、衣食无着的流亡学生而言，无疑是有了一个安定的求学环境。师生远离故土，同舟共济，救亡图存，艰苦学习，玉泉观的山峦庙影伴随着琅琅读书声，慷慨激昂的《大刀进行曲》回荡在天靖山上空。全面抗战八年，国立五中为祖国培养了数以千计的人才，在甘肃教育史上占独特一章。在家国残破、全面抗战时期的国立中学，实行低标准的免费教

图 2　我的小学毕业合影。四排左五为张建功校长，四排左一为张殿英老师，四排左二为赵守信老师。

育，大批流亡学生有饭吃，有地儿住，有书读，在爱国敬业的校长、老师精心培育下，接受到较好的基础教育。抗战胜利后，1946 年，国立中学完成使命，陆续解散。随着享寿九十五岁的五中校友、被誉为“三晋诗坛泰斗”的马作楫老先生于 2017 年辞世，标志着曾经在国立五中艰苦求学，为新中国建设呕心沥血、贡献力量的这一代人的谢幕。

今天看着我城关完小的毕业照片，仍然叫得出大部分老师、同学的名字，班主任老师五年级张殿英、六年级赵守信，同学陈新华、张丽丽、黄飞、穆建明、管彦斌、陈立业等。我对在文庙里高小二年的学习生活印象深刻，和同学老师的友谊淳朴深厚。那时学生毕业照相是大事，全校老师都参加，食堂、门房师傅也在其中。此时正值“文革”初期，我们上初中不久就停课了，复课后到永安寺上学。永安寺是元代古寺，现在为全国重点文物保护单位。

“原本是庙宇，权且作杏坛”，在全面抗战的艰苦年月里，在庙宇、教堂办学是权宜之计，再正常不过，有个遮风避雨的地方就不错了。新中国成立初期，财力有限，不少地方也利用庙宇甚至祠堂、教堂作为中小学校办公场所。如今名动京城的北京中关村一小，前身是保福寺小学；北京西石景山区显应寺俗称“皇姑寺”，被征用为西黄村小学校舍。首都如此，下面市、县亦然。山西大同市第六中学在府文庙办学几十年，浑源县文庙办完小、中学几十年，永安寺办学办公十几年，都是近十几年才腾退重修。这些庙宇寺观是老祖宗遗留下来，在当时当地属较好的建筑遗存，它们是全面抗战时期、新中国成立初期的教育事业的重要载体，也是它们本身的一段重要历史，不应该忘记。

难忘白彦县

王全荣

我十九岁的时候，由原山东省合作事业管理局分配了工作，于 1952 年 8 月 13 日告别了家乡济南，到原滕县专区供销合作社报到，等了几天之后被分配到了白彦县合作社联合社（简称“县联社”）。记得非常清楚，当时专区合作社雇了一辆人拉地排车，拉着我和另一位同志，由滕县向东走去。走着走着，看到了越来越多的山，直到五十里外的山亭，才到目的地。我被安排在了县联社的计划股做统计工作，一年之后，因该县被撤销而离开了这里。

一年的时间，在人的一生中很短暂，但对我来说，这一年给我留下了非常深刻且难忘的美好记忆。当时的县联社，在所有县机关单位中举足轻重，担负着全县十四个区的所有农产品的收购、生产生活所需的各种资料的供应。我在计划股做统计，必须经常到各区基层供销合作社检查供销情况并定期上报报表。那个时候的交通极不便利，许多道路连自行车都无法通行，我只能靠两条腿背着被褥翻山越岭，多数时候路上都遇不到一个行人。就这样，我不止一次地走遍了全县的十四个区。

除了本职工作需要经常下去外，我还曾多次被县政府抽调，加入县政府工作组深入农村基层，召开村民会议，动员、说服广大农民成立并加入农业生产互助组。当时，国家正奉行“一边倒”政策，全面向“苏联老大哥”学习，取消单干户，走集体化道路。

至今我都还记得，县里的工作组深入农村后，吃住都是在农户家中。晚上住宿的时候，我们每个人都枕着当地民兵组织发的长枪睡觉，民兵则整夜在门口站岗，确保我们这些县里下来的干部的安全。有时候还需要“夜行军”。记得有一次，我们正借着月光走夜路，扛着枪踩着石头过河，突然我脚下一滑，差点跌倒在水里。

计划股共有四个人，我和许明耀、沈莉萍，股长是刘成先。

图 1 1953 年，白彦县合作社联合社全体职工临别合影。前第二排左三为笔者。

刘成先和许明耀分管计划，沈莉萍和我分管统计。沈莉萍接受过省统计干校的专业学习，工作比较内行和熟练，而我只是学过会计专业，对统计工作比较陌生，因此自然是以她为主了。工作上，她非常耐心地带着我，可以说我们俩是师徒关系，虽然我们是同龄人，而且我比她还略大一点。生活上，她对我也很关心和照顾，而我对她是很尊敬的。一年的密切配合，我们结下了深厚的友谊。1953 年 9 月，白彦县撤销，我被调往皂山县联社，她被调往薛城县联社。

整整半个世纪后，2003 年的一天，我在枣庄偶遇老领导，即白彦县联合社的一把手许璋，他已是九十四岁高龄的老人了。当我拿着白彦县联合社全体人员临别合影准备向他做自我介绍

图 2 计划股成员合影。左一为作者。

时，他当即叫出了我的名字，而且把我们股四个人的名字全都叫了出来。此后，我多次看望他，每次我称他“许老”时，他总是说：“可别这样叫我，咱们是老伙计！”他一百零二岁时，我去看他，在离开他家的时候，他还坚持从二楼把我送了下来。第二年，他以一百零三岁的高龄去世。至今我仍然怀念他。

2010年，我孩子自驾带我到山亭游玩。间隔半个多世纪，沧海桑田，山亭如今俨然是一座城市了，而当年虽然是县驻地，但实际上只是一个普通的山村而已。之后的几年里，孩子多次带我畅游了当年的穷山沟，如今的旅游胜地。在行车中，我总会想起当年的一幕幕，今昔对比，变化真是翻天覆地！四个轮子行驶的平坦大道，远远胜过当年两条腿跋涉的蜿蜒山路。孩子发觉了我的怀旧之情，便带着我又一次走遍了当年白彦县所辖的十四个区驻地。

曾经的地方找到了，原来的人呢？沈莉萍、刘成先、许明耀、辛文卿、袁秉衡、张立业、张淑兰、张晶、许金志、俞学斌、王汇泉、范宝运、夏同罗、刘美德……

你们都在哪里呀？

1973年天安门留念

李健葆

20世纪70年代，一个人能在北京天安门前照个相是幸运的，如果一家人在天安门前留下一张全家福，不只是幸运，而是幸福了。

1973年秋天，我趁短暂的休假机会，领着家人去了趟北京。那个年代，上北京是个喜庆事儿，更像是个荣誉。10月下旬的一天我们乘济南开往北京的列车，两个孩子第一次坐火车，第一次去北京，欣喜之情可以想见的。到北京的第二天，我们就直奔天安门。北京的秋日，天高气爽，阳光温煦，天安门在金色的阳光下，巍然矗立，金碧辉煌。两个孩子在金水桥畔，留恋徘徊，时而仰望着天安门城楼，时而眺望英雄纪念碑，仿佛在寻找什么，又仿佛在思考什么。我正好看见天安门广场中央有摄影的，就拽着他们离开了金水桥，来到了广场中央，一家人将天安门作为背景，各自整理了一下衣衫，于是有了这张照片。

这张照片历史不算久远，在中国众多百姓的天安门家庭照里面，应该也很普通，但从我作为一个部队的文化工作者的视角里，能折射出一些年代特有的信息。

1973年，“文革”虽没有结束，但首都的生产形势和社会

北京天安门前的全家福。摄于 1973 年。

秩序已发生了明显变化。这一年，周恩来同志主持党中央的日常工作，邓小平同志也恢复副总理职务，一批被打击、被迫害的老干部重新走上领导岗位，各级党政机关、企事业单位开始了正常运转，全国工农业生产形势逐渐好了起来。1973 年，全国钢铁产量和粮食产量都创历史最高水平，这两项指数是衡量当时国民经济形式的最重要指标之一。

天安门是中国的圣地，全世界瞩目。“文化大革命”以来，在这里举行过无数次大规模活动。从这张照片里可以看出，昔日人的海洋、铺天盖地的红旗不见了，也正因为沸腾的天安门广场平静了下来，我们才能轻松、愉快地照了这张全家福。

当时照相的时候，我们的小儿子，一定要把上衣扎到裤子里面，他当时才五岁，给我说这样才精神，看得出在他幼小的心灵里，很重视这次北京之行，很重视与天安门的这张合影。我的大儿子很朴实，就是板板正正地按照要求照相，装束现在看来有些土，他当时应该十一岁，已经有大哥哥的样子。我和我爱人，当时都还不到四十岁的年纪，我的军装，是那个时代标志性的服饰，她脚上的鞋，也是那个时代女性的代表模样。这张照片，现在看来，都是呈现那个时代的经典痕迹。从一家人的影子方向分析，这是上午 10 点左右，太阳从东南方向照耀着我们这一家人，像照耀着普普通通的众多的中国家庭一样，而我们身后的天安门，就是我们祖国的象征。

一晃五十年了，我们国家发生了翻天覆地的变化，人民生活水平的提高、幸福感的提升，也是史无前例的。从这张照片可看出点端倪。要是现在，一家人去首都北京，服饰是应该最讲究的、最漂亮的、最五颜六色的。然而在那个年代，一身蓝、一身黑是中国人衣着的基本色调，军人就是一身绿和多了双解放鞋。今天的年轻人可能想象不出当年中国的情景。好在有很多影像，留住了那个年代，好日子也真的来之不易。我们更应该珍惜现在的美好时光。

坚而能忍：祖母印象记

曹志敏

一

武昌起义后十七天，即1911年10月27日，冀东大地上发生了震惊全国的滦州兵谏，清廷被迫颁布中国第一部宪法《宪法重大信条十九条》。不过，这些社会上层的变化对冀东乡村的实际影响微乎其微。那一年，在名不见经传的滦州张各庄，我的祖母诞生。我不知道她的生日，她也没有名字，户口簿上是“曹陈氏”，日常生活中她的称呼随人际关系而变，由于祖父兄弟排行第七，所以本家人称她“七嫂”“七婶”“七奶奶”“七太太”，村里人则在祖父姓名后加上“家的”二字，作为她的称呼。

此外，不缠足运动的时代呼声也并未影响张各庄村民的观念。囿于脚大脸丑、娶小脚婆的乡村旧俗，祖母幼年遵从长辈教诲，忍受剧痛缠了小脚。她曾告诉我，缠足时脚火烧火燎得疼，为了让母亲安心，她从来不喊不哭。祖母的小脚我见过，脚面骨完全骨折，除大脚趾之外的四个脚趾也完全骨折，松塌塌地躺在脚底板下。我真真切切感到，缠足后的小脚奇丑无比，那时人们欣赏的“三寸金莲”之美，我实在无法理解。

图 1 祖母（五十七岁）和她的女儿、外孙、外孙女合影。摄于 1968 年。

祖母虽然脚小，但力气很大，家里老少爷们都说祖母下地干活，超过最能干的长工。我也亲身体验过祖母的力大无穷。记得我十七岁那年，祖母七十七岁，我们全家人去拔麦子。老家收麦子的习惯是将麦子连根拔起，而不是用镰刀割下来。祖母同时拔两垄，我拔一垄，她快如飞，而我非常吃力才勉强赶上她，她的劳动效率是我的两倍。八十岁之后，祖母仍下田除草，干力所能及的农活，勤劳是她那一代人的天性。

滦州女人大多性格坚强，善于持家，对家道兴旺贡献很大。

祖母虽不识字，但她精通生存之道，知道如何维持家计。她心灵手巧，做饭非常好吃，她会炸馓子，炸油旋，摊煎饼，摊饹馇，炸饹馇盒，有客人来我家吃完祖母做的饭菜都赞不绝口。饹馇是唐山特色美食，一种类似煎饼的小吃，用白面掺和绿豆面，在锅上摊匀而成。饹馇制成后可炒可炸，是人见人爱的美味，因此卖摊饹馇是一种非常赚钱的生意。祖父祖母一辈子，不仅像老黄牛一样干活勤恳，而且富有经营智慧。农闲时祖母摊绿豆饹馇，祖父到四邻八村去卖。祖父母年轻时，正值日本人占领冀东，可谓兵荒马乱，天灾人祸不断，但他们的日子还过得去，起码不至于逃荒饿肚子。

二

但我小时候并不喜欢祖母。1971 年我出生时，祖母已是头发斑白、清瘦精干的花甲老人。那时我家吃饭勉强糊口，到春天青黄不接时，吃玉米面野菜团子是常有之事。假如家里蒸馒头，我和哥哥总是抢着吃，饥饿是最大的真理，小孩子顾不上其他的。而祖母总是希望把最有营养的馒头，留给家里出力最多、对她而言最重要的人，父亲、哥哥是她的最爱，当然有吃馒头的优先权。当我吃得正欢时，祖母总是会说："一个丫头，怎么这么能吃！"我感到自己被歧视了，心里很难过。其实，重男轻女是生产力低下的产物，直到新中国建立，这一观念也并未随着时代洪流而完全消失。

祖母最让我不能接受的是她不喜欢我上学。她认为女孩子是"泼出去"的水，上学就是费钱。由于小学在本村上，还不需要什么花费，而我的初中小马庄工委中学是寄宿制重点学校，

图 2 笔者（左）与初中同学武丽华（中）、代四春（右）于小马庄工委中学校东麦田合影。摄于 1986 年。

我每次回家，祖母一点欢迎的态度都没有，反而嫌母亲给我做好吃的。因为我的回家意味着生活费的索取，这是家庭收入的巨大损失。父亲是家中独子，我父母与祖父母一辈子都没有分家，所以我无法摆脱祖母的“干扰”。

但在上学与否的问题上，我的态度非常坚决。班主任经常说，中国还贫困落后，需要青年人学好本领报效祖国。天生好强的我要到外面的大世界去看看，过一种比“面朝黄土背朝天”更有意义的生活。母亲对我的选择非常支持，她经常说，女孩子千万不要成“锅台转”，整天都是柴米油盐的琐碎，活着太没意思。祖母认为母亲的想法没错，但她觉得读书是孙子的特权，可以光宗耀祖，女孩子就算有本事，长大后还是要嫁人，自家亏了巨额学费。在家庭收入有限的情况下，合理用钱、厉行节俭也是农村人的无奈。但我除了读书别无选择，因此与祖母的冲突不断。其实祖母也有开明的一面，她对于家人只是建议，而非暴力强迫。

祖母之所以如此，是因为她有自己的“政治经济学”。她年轻时社会动荡不安，特别是日本人占领冀东，“跑反”（旧指躲避战乱匪患而逃往他处）、饥荒是家常便饭，贫困是一个人无法摆脱的困境。祖母经常说一句话：钱难赚，屎难吃。为了解决赚钱难的问题，祖母的名言就是“外面有捞钱的耙子，家里有盛钱的匣子”。既然“耙子”捞钱有限，那么将优势资源优化配置，不到生死关头，绝对不会让钱轻易离开匣子，就成了祖母的生存逻辑。我懂得祖母的“理财”原则，家里穷，女孩子自然不能上学费钱。

其实，我的初中、高中同学当中，许多人因为家里没钱而无法完成学业，女孩子尤其如此。为了摆脱农村的苦日子，减少打光棍的人生风险，成绩优异的初中男同学拼命考中专，甚至为了上中专复读多年；女同学则要减轻学费压力，缩短求学历程早些工作，也热衷于考中专。因为初中在家附近，多为走读制普通校，花费无多，考中专更为经济实惠。高中多在县城，生活费对农村家庭压力很大，能坚持到高考已属不易，好多人因为高考一两分之差，一生与大学无缘。我父亲身体不好，两个哥哥为了生活辛苦奔波，我的梦想又是读高中上大学，而不是考中专，我的学费确实是家中负担。

从初中就成为家中“累赘”的我，自然少不了看祖母的白眼。不过，我还是如愿以偿地考上了河北大学，大学毕业后参加工作，我也懂得回馈祖母与家人，每次回家总是给他们买肉买菜、买衣服买鞋，买床单被面。祖母见我有出息了，改变了对我的态度。每次我回家，她都热情招呼我吃这吃那，她总是忘不了嘱咐我："你爸妈和你哥生活不容易，你有了钱不要忘了他们。"我也深深懂得，家是一个人的生命之源，维系家族兴旺是每个家庭成员义不容辞的责任。

三

我对祖母刻骨铭心的难忘，始于母亲病重前后。母亲生病时，两个哥哥每天都来照顾，但他们要支撑家庭生计，有活儿要干，无法做到寸步不离，我也只能周末回家看望母亲。祖母与母亲住对门屋，当时已八十九岁高龄，但她还是坚持为母亲做饭，把家里收拾干净。医生来家里为母亲打针、输液，祖母在一旁招呼。记得有一次，我发现祖母睡觉没有铺褥子，而是直接躺在炕上。我问她为什么这样，她说她把褥子给了我妈，母亲哮喘，咳嗽激烈时尿床，洗了干不了，换不过来。我说衣柜里有新褥子，祖母说："新的，不舍得用。"祖母瘦得皮包骨，直接睡在土炕上，屁股、后背很多部位都硌破了，但她一声不吭。

庚辰年（2000）春节过后，母亲去世了，祖母恋恋不舍，她掀开盖在棺材上的黄布，看了一遍又一遍，但她没有流泪。此后每次回家，祖母成了我最亲的人，她总是心里算着我回家的日子。天冷时，她会提前把炉子烧旺，把炕烧热；尽管行动不便，她还是想办法为我准备好吃的饭菜。祖母要以力所能及的方式，呵护她的孙女，让她的孙女学会坚强面对人生。

5月，二哥拆掉老宅，要翻新房子；7月，地基已经打好，砖石木料、钢筋水泥都运来了，包给施工队建房。假如晚上无人看管工地，大概那些钢筋水泥会"悄悄溜走"，看管工地的

图3　笔者与祖母(虚龄九十岁)合影于旧宅。摄于2000年春。

活儿便落在我身上。晚上，我在露天的白沙堆上铺个草袋就睡，身上裹个薄被子，四周凉风习习，很是惬意。祖母不放心我一个女孩子露宿，说什么也要陪我一起看工地。但她不敢像我一样露宿，她睡在以前堆放杂物的草棚，里面又闷又热，蚊子太多，挂了蚊帐也无济于事，而祖母却说她没事。一到天亮，我赶快招呼祖母到草棚外歇着。

白天我照应施工时，祖母也没闲着，她不停地剥花生，一

图 4 笔者于首都师范大学研究生宿舍留念。摄于 2000 年冬。

麻袋接着一麻袋，后将剥好的花生卖掉，换回建房需要的钱。当时村里有花生剥壳机,加工费每斤一毛钱,但花生粒会有破碎,出售时价格低于手剥花生，且花生皮要留给人家。祖母觉得不划算，坚持自己剥。我闲下来也和祖母一起剥，但时间一长觉得手疼,我就不剥了,劝祖母也不要剥,而祖母头也不抬继续剥。一个夏天两三千斤花生都被她一个人剥完了，节约了二三百块钱的加工费，花生多卖了五六百块钱，还赚下堆成小山似的花生壳，冬天有了充足的烧柴。突然有一天，我发现祖母大拇指的指甲盖没有了，我问她怎么了，她说剥花生剥掉了，也没觉得疼——指甲盖都掉了，竟然没有觉得疼？

2000 年 9 月初，房子的四墙砌好了，10 日放爆竹上大梁，12 日封顶。9 月 14 日我去首都师范大学报到，开始研究生的新生活。祖母也从草棚搬进新房居住，从 7 月到 9 月两个月，她一直住在草棚里陪我。当时我发现她满脸红斑，我想可能草棚环境不好，她皮肤过敏。开学在即，我顾不上多想就去了北京。11月我回老家，才知道祖母得了带状疱疹，老家称为“蛇盘疮”。当她告诉家人医治时，疹子已成疮化脓，三个月之后才治愈。此后我经常回家看她，给她买一些好吃的，或衣服日用。祖母非常知足，见人就夸我，说这衣服是她孙女给她买的。病中我一有时间就去看她，每次她都亲热地招呼我坐在她身边，说她的病没什么事儿。

2004年冬天，祖母走完虚龄九十四岁的风雨人生，去了天国。11月的一天，当我从北京急匆匆赶回老家，我与祖母已经阴阳两隔，一种难以用语言形容的悲痛涌上心头。天堂没有贫困，到处都流着奶和蜜，也是一个人必然的归宿吧？由于博士开题在即，祖母下葬的第二天，我急匆匆赶回北京。回京后第二天一大清早，我急匆匆赶到北京师范大学。开题非常顺利，我镇定自若地介绍博士论文选题，而我的祖母已在缥缈的天国。

在我心中，祖母是勤劳、坚强与忍耐等品德的化身，在艰苦的环境下她支撑着家族的繁衍与发展，从这个意义上来说，她完成了自己的人生使命。坚而能忍，是祖母给我留下的最深刻的印象，这种顽强的生存意志与强烈的家庭责任感看似普通，却是我们这个民族生生不息的力量源泉。我生活在新的时代，追求着一种有别于她的生活方式，但我为人处世的方式刻着祖母的人生印迹。每当我的人生陷于困顿，烦恼无法排遣时，我都会选择回老家看看，走过祖母曾经生活的地方，看着驼背如弓的父亲，我一下子就明白我的人生应该如何走下去。祖母的精神一直潜移默化地感染着我，她的人生智慧在岁月的长河中流淌。

我造上是个农民

杨淑品 口述　齐晓芳 整理

我叫杨淑品，1940年生（报户口报成1940年，其实是1939年，以下仍按1940年），陕西省蓝田县人，在地里劳动了一辈子。本来我有四个机会拔出农村，去城里工作生活，却都错过了。想起来，我这辈子，造上（命中注定的意思）是个当农民的命。

第一个机会：父亲在西安工作

我出生时家里六口人：父亲杨大贵、母亲张益贤、大哥杨才娃、大姐杨俊英、二哥杨民才、二姐杨淑兰。大哥是父亲先头的娃，两三岁时他妈去世。大姐是母亲先头在靳家湾的娃，她爸吃大烟，1932年虎烈拉（痢疾旧称）流行时染病去世，带来杨村时四岁。二哥、二姐、我和妹妹，是父母组合后所生。二哥1933年生，二姐1934年生，妹妹杨淑萍1942年出生。

己丑年（1949）正月，记得一家人坐坑上吃花生，忽然来几个人，二哥被拉了壮丁。5月20日（农历四月二十三）刮大风，西安解放。二哥捎口信给母亲，说他在（胡宗南）十八兵团开车。年底听说重庆打了一仗后，就再没他的音信。1951年父亲还在西安登报寻人，没有结果。1970 年开始有当年当兵的人从台湾回来探亲。我们去县上统战部，工作人员查了后说，台湾有个陕西村，村里有个杨民才，但是不让给那边打电话。二哥是死是活，也就没人知道了。

父亲 1950 年去西安，到印刷厂试工，被录用。他干得好，又把上堡子的恩他爷和小沟的立娃也叫去。母亲带着妹妹去西安给几个人做饭，住在青年路印刷厂对门，赁的一间厦子。这时大姐二姐都出门（出嫁）了，我和大哥大嫂在家。

听母亲说，1942 年河南遭年馑闹大饥荒，粮食绝收，还发大水，许多人家都叫水给冲了。很多人逃到西安，在城墙打个洞就住下，后来上了户口成了西安人。大哥是个跛子，说不上媳妇，父亲就去河南引回来两个女娃，一个是大嫂羽言，当时十五岁，到屋把头发盘成转转子，就过开日子了。2018 年大嫂九十岁时去世。另一个女娃跟了卖豆腐的，活到七十多岁。

大嫂生的头胎是女娃，生下来青蛋蛋，没得活。第二个女子名叫芝芳，两岁多有回给她吃甑糕喝凉水，夜里发烧，白天下凉，烧了俩月。家里人把她放在箩面的木函里，我用纱盖着她。一屋的绿肚子苍蝇，三间才盖的房里气味难闻，担子上落满了蝇子。娃可怜后脑勺研（磨）了个窟窿，蝇子钻进去，生了一坑坑的蛆，我用麦秸枝枝给掏出来，过一时又有了，娃可怜硬叫蝇子给数（盯）死了。娃难受，光叫姑，她妈不管她。我当时七八岁，洗锅都够不着，站个树墩墩上洗。大嫂后来又生了五女一儿。

1951 年父母把我也接去西安。我把恩他爷叫伯，他和父亲晚上睡在厂里。我跟房东家女儿改改整天一起耍。看妹妹在青年路女中附小上学，我也闹活要上学。于是把我引到西门跟前的私立知本小学,学校考加减法,我平时看妹妹学习也学了一些,胡乱一答,竟给考上了,开始上学。

西安知本小学在西门里,记得隔壁有个监狱。学校有小学和初中,每个班六十人,主要念语文和数学。当时我是春季生。我在知本小学念了四册或五册课本,还记得学的历史朝代歌:“唐尧舜禹夏商周,春秋战国秦两汉,三国两晋南北朝,隋唐五代十国乱,宋元明清民国至现在。”

1952 年 6 月,村里王务民(西安易俗社演员,演丑角)的妈去城里,给父亲说:“你大女、二女都有病,麦也快黄了,你还不回去!”父亲一听就躁了,当晚给领导说不干了,要回家。连夜卷起行李铺盖,全家到鸡市拐搭上马车,天没明就出发,天黑到了屋。回村不几天,父亲得病,发高烧,死了,才五十一岁。

可惜一家四个人的户口,硬是从西安迁回了杨村。

第二个机会:上学

我和妹妹把学也转回到桥村庙小学。我转学时老师还说:你学得还好,回去要好好念书。我们本来可以转到县里小学,但没人照顾做饭,桥村庙可以跑回家吃饭。桥村庙小学是县里的三完小,县东街小学是一完小,西街小学是二完小。当时小学四年,再念完五、六年级,就是完小毕业。

母亲供给不起俩学生,只能让妹妹上学,我休学在家干活。母亲是个大个子,啥都会,扎花、铰(裁剪)衣裳、拉锯。母亲给周家(仰军他舅家,当时是财东,后来定成分是富农)纳鞋底子,一双五毛钱,挣些钱给妹妹上学。我和母亲一起织布。我六岁学会纺线，一天纺完半斤棉花，五个穗子，才能出门耍一下。

母亲拉扯着我和妹妹，生活实在过不下去，第二年跟了村里四十八岁的单身汉王炳喜。他也是苦命人，他是他妈从山里带出来的，做些小生意，比如夏天卖桃，冬天收鸡到县上到西安去卖（社教后他是贫协主席），挣点辛苦钱。家里情况好些，我又去上学。没多长时间，母亲中风不会说话，睡在了炕上，我只有回家伺候，从此再没有上学。

我边干活边伺候母亲。一天她忽然叫我名字，慢慢会说话了，一年多后完全恢复。她一个人经布，怕我弄乱，不让我近前。布拴到机子上，二姐有娃不能来，叫大姐来织。母亲攒的一点点钱，都给了大姐。织的布给全家做被里子，母亲两个，我两个，妹妹两个。

父亲在世时，家里三间房两间厦子，大哥一家住厦子。大嫂和母亲经常闹活（闹矛盾），住不到一堆儿，他们就搬出去，到东边几里远的东朱寨子、王渠沟里人家废弃的烂窑洞里住下。我还去给他们看过几天娃，窑裂着大缝子，我说这住不成，还是回屋吧，他们不回。

父亲过世后，大哥大嫂就回来分家。大哥没念过书，但是灵醒（聪明），会做假银元，做得跟真的一模一样。我们写了二哥的名字，分书上却没有，我问，中间人还说我："你个毛头女子，胡说啥呢！"给我们娘们三个分了一间房还差三根椽，我们补了他们三根椽的钱，才有一间房住。没多久，大哥就把他后妈和两个亲妹子撵端了——天天噘（骂）我们。没办法住，我们只好把那一间房拆了，盖到了王家的前头。他们很快把那间房补盖了。

妹妹完小毕业，没考上初中。她十六岁时，说媒给大她十岁在华县当兵的妹夫。大姐、二姐，我抱着一岁的大女儿，去兵营看过他。结婚后妹妹也去了部队。后来妹夫转业到铜川三里洞煤矿，妹妹在煤矿做工程预算，妹夫是运输区区长，在地下开小火车。

当时完小毕业能当会计。村里的民权就是桥村庙完小毕业的。我转学回来上的那个班，完小毕业时，几十人连盘端到西安卫校学医。同学里出了几个医生，其余是护士，都在西安的大医院工作。

第三个机会：婚嫁

我十四岁这年，二姐给我说媒，男娃家在陈沟，在西安当通信员，和我同岁，大个子，人才好。我同意，可是母亲不同意，嫌他家只有两间厦子、七亩地，还弟兄三个。母亲一辈子就爱个独子、屋里地多的。后来听说陈沟这个人，把一家子都带去了西安。

图 1 齐玉亭证件照。时年二十二岁。

第二年，村北边沟对岸上堡子黑山村齐玉亭他妈，提了一笼青杏来家，她和母亲都是五里头村的姑娘，认得。她鼓（缠）着母亲，叫把我给她儿，说她屋有二十多亩地，吃的用的都有。结果去一看，五间宽大院子，两面窑，屋里一个桌子，一个小板凳，泥炕栏，土炕上铺的不是席是纸，两个白线黑线麻麻交的粗布被，和面时面从案板缝子往下漏。屋里真是要啥没啥。

玉亭比我大五岁，当时穿着花背心，苏联大花布做的，那时人都穿这种花花衣裳。人才嘛，比不上陈沟那个男娃。他爸已过世几年了，两个姐出嫁了，妹妹十一岁正上学，他妈是个萝卜脚（小脚）。我不愿意。母亲说好着呢，二十多亩地，受不了罪。我们被大哥撵出来后，家里情况实在太困难，母亲整天介搞磨（劝）我到黑山村来。两家寻了媒人，家里寻的恩他爸，齐家寻的干桥海荣他爸，婚事就定下了。

订婚礼，说的是三石六斗麦，他妈说迟几年给，最后一斗也没给，只给了少一半的钱一百二十块，还是把牛给卖了才得来的。这一百二十块钱还被大姐借去买地，卖主提前知道第二年转社，就把地卖了，结果买来只收了一料庄稼，就入了社，一百二十块钱买了个光串子。大姐当时还嫌齐家给的少，嘛呢。过了几年，大姐给了母亲一个小羊娃，说值二百四十块，就当还钱了。母亲气的，也没法子。

订婚还有两节布——五尺紫红哔叽、五尺青平布。还有两双袜子，两个手帕。袜子和手帕都被大姐拿去了。两节布是铧咀沟和齐家退婚退回来的，先给的是六尺，对方心眼斜，铰去了一尺，害得红布做衫子不够，平布做裤子不够，最后都给弥了布才做的。

齐玉亭十四岁和铧咀沟的英英订婚，英英当时十三岁。二十岁时玉亭去西安工作，他妈去英英家提说要结婚，地里活没人做。英英家不愿意了，告到驻队干部那里要解除婚约，驻队干部调解不开，她家告到县里。齐家母子、大姐去开庭，一堂审结，解除了婚约，退回了两节布（给的布多，只有这两节布没穿）、银镯子、银鱼。跟英英家订婚礼也是三石六斗麦，人家一次就送回去了，平时还经常送麦送米。她家姊妹四个、弟兄三个。

到我结婚，我啥也没问齐家要。齐家给了一丈二白洋布，一部分让母亲染成蓝的做里子，一部分染成黑的做面子，给我做一身棉袄棉裤。母亲买了一包“包包蓝”、一包“包包青”，染得蓝不蓝黑不黑，成了墨色子。要得颜色染好，每样得买两包，一包一毛二分钱。当时玉亭刚去西安工作，在北大街卖元宵，月工资二十七块钱，还要刨掉十二块伙食费。

我十七岁的正月十三，母亲给我和妹妹三十块钱（妹夫给她的），我和妹妹天不亮出发，一路走到城里，寻到北大街。婆婆哄我说她儿在一个电灯公司上班，我们寻着信上的地址380号，却是卖元宵的。妹妹去打听，一进去就碰到了玉亭。

当晚没处睡，屋里元宵堆得像山，临时支了个床第我和妹妹睡，第二天妹妹一个人回去了。同事们闹，就买了瓜子、糖

图2 齐玉亭（前排右一）和同事合影。时年三十二岁。

图3 齐玉亭（前排中）和同事合影。时年三十七岁。

给大家吃，算是婚礼。他同事给凑了三斤棉花票，买了三斤棉花，回家装了个白洋布里子、红花哔叽面子的被子。布也是食堂同事送的。正月十六，我们一起回家，新买的席，盖个三斤的被，没褥子，溜光席。在屋里没举行啥仪式，我就开始了在齐家的劳动。当时在平地有二十多亩地，沟底和对坡有五六亩稻地，全凭我做。

第四个机会：招工

丁酉年（1957）正月十六到屋，开始劳动。三月十五，大女出生。当时屋里条件好的，生娃时会叫个包娃婆。婆婆没叫包娃婆，由她和冯家村二姑姐接生。我圪蹴（蹲）在地上的灰堆里，二姑姐用膝盖顶在我脊背上用力夯，又叫我扒住门框打秋儿（秋千），打一个不行，再打一个还不行。从半夜折腾到鸡叫三遍天快明。最后娘们俩一边一个用手硬掰，掰的不知哪里骨头一响，娃才生下来。婆婆铰的脐带，剪子也没拿开水烫，直接铰的。

娃倒是胖胖的，有八斤重，可怜的头被掬成个高罐罐。娃生出来，二姑姐把我往炕上凑（扶）。我说墙咋成黄的了，又变成黑的了，脚冰到大腿，手冰到肩头，我就啥也不知道了。事后我才知道是大出血。说当时地上的血能揽半桶。婆婆看事色不对，叫二姑姐翻沟去杨村请先生景贤。先生嫌天不明，不来。二姑姐又去找母亲。母亲一听去到景贤家，给他说好话，跪着求，先生才来了。母亲腿脚不方便没跟着来。

先生来了一看地上都是血，没处下脚。给他搁了个板凳，先生踏着板凳上了炕，一看说人不行了，要走。婆婆把他的腿抱住不叫走。他就说：我给你打一针，打得好了，你覅（方言，音 biáo，意不要）高兴；没打好，你也覅把我拉住不叫走。婆婆答应。他就在我胛骨头（上臂三角肌）上打了两针救急针，血才慢慢止住了。有一个小时后，我醒来。先生也没检查伤口（后来自己慢慢长好的），在门外看人醒来，说不咋了（没事了），就回去了。

当时炕上垫的灰包，铺的谷草，我在谷草上睡着。身下压得指头深的沟，血流了一炕面子。当天没有鸡蛋，没有黑糖，给我熬的“硬米米汤”，就是把小米在锅里稍微煮一下就搭出来，我喝了半碗。婆婆说月子头三天不能吃馍和面，就都吃的硬米米汤。而当时家里看了十五个下蛋鸡，鸡蛋都卖钱供给小姑子在大庙上农中。婆婆还说头三天不敢吃鸡蛋。后来整个月子里，隔一天间一天，一共吃了五六个鸡蛋。出月子时，腿上皮包骨头，走不了路。

娃生后前几天没有奶，在干桥村振邦家取了几天羊奶给娃吃，再慢慢才有了奶吃。一丈二布做的棉衣裳，穿了一冬直到三月，成了硬邦邦的。玉亭从城里回来，是娃出生三天后，他把娃抱着搁在腿上，手把娃的头托住，看娃身上血红绿蓝的血痂子，呼哧呼哧跌眼泪。

图4 齐玉亭证件照。时年四十岁。

记得结婚前在娘家，一天就是喝包谷麦仁，没煮软时就喝一碗硬的，煮熟了就喝两碗软的，晌午不吃面。那阵子光想吃荞麦饸饹，饸饹八毛钱一斤，我们买不起。有天母亲还是给我买了二斤饸饹，可真香啊！

1958年转社，家里留了一亩零八厘自留地，其余二十多亩地作价入了社，我开始在农业社（农业生产合作社）劳动。家里就我一个劳力，挣工分少，四口人吃饭，两年就把二十多亩地“吃”完了。

三月，娃过岁后日子不长，村里开始吃食堂。一人一月十五斤口粮都在食堂。村里五个做饭的，让黑山村去一个，没人去，叫我去。其他四人是刘会叶、民安他妈（闫进英）、养利他妈（李淑贤）、周凯她娘（粉）。食堂在强他爷的三间房里，一天得一个人靠住（一直）上磨子，牛拉石磨，一晌只能磨一斗粮食。

10点多早起饭。大番锅熬一锅包谷糁糁。天天蒸馍，早起两锅，后晌两锅。馍是包谷面馍，刚出锅时黄黄的暄腾腾的甜的，好吃得很。没有菜。开饭时，上阶儿门外都是人。晌午饭一般是糁糁面或旗花面，也做搅团，其他的没法做，人太多了。糁糁面炒点葱花。旗花面有炒萝卜，没有了寻些野菜，多少有些绿菜星星，哪里有油呢，炒菜时搁一点点油。有的屋里劳力没去吃，他屋人就想拿俩馍端些饭回去，队长把馍从他手里夺走："不劳动还想吃馍呢！"

1958年夏秋，还能在沟里寻些野菜吃，冬季就只能吃食堂。家里还算好，娃他爸从城里买的白萝卜丝、茄子片、窝窝蔓，萝卜丝煮熟吃。有时饿极了，黑了（夜里）洗个生萝卜吃，吃了后胃疼得啊，把人能难受死。我的脖项细长细长的。隔壁堂嫂家里更是没啥吃，饿了就睡觉，我就用围腰包些萝卜丝送去帮她家渡难关。

己亥年（1959）正月初一，早起发了四个淀粉馍——包谷壳壳沤在水里，泡成糊糊，搅些菜或者面和麸子，攥成圆疙瘩，蒸熟一扑塌，咬都咬不动，都是包谷壳的须子，难吃得很。路上我给了堂嫂子两个。晌午做的刀削面。因为过年，菜有胡萝卜、白萝卜、白菜，饭做对了绿是绿、红是红，好吃很很。黑山离上阶儿路太远，可是我又想在屋里吃个年饭。那天我做完饭，就拿瓦罐罐提了饭回去，一路慢慢地走，就怕饭溢出来。到了村口转弯，

图5 1985年，杨淑品办身份证拍的证件照。时年四十五岁。

正下坡坡，罐罐突然断成上下两半截儿，掉在地上，下半截里头的饭好着，其余的泼到地上。我把地上浮头（上边）的饭揽进罐罐，端回屋，一家人瞎好（好歹）一人吃了半碗。

也是巧，堂嫂这天路上也把瓦罐罐打了，刀削面一口没吃上。黑山村李家，他们用新买的白铁桶装饭。李家高高兴兴吃面（就是好吃），齐家却愁眉苦脸。多亏玉亭从城里回来，骑车子先到县上，没买到啥吃的，只买了四个红苕。初一后晌蒸了，一人一个，总算过年没饿着。有了教训，再后来我就用盆子（婆婆从城里她外甥家要了个洋瓷盆，她外甥在西安搪瓷厂，能便宜买到次品）去端饭，端一端歇一歇，走半晌端回屋。正月底，实在吃不到一块，食堂解散，十五斤口粮分到个人，自己家里做。

1960 年又吃食堂。这回分成俩食堂，上阶儿、下阶儿一个，黑山村、半截沟和崖背一个。这回没叫我去做饭。这个食堂三个做饭的：叶叶杆杆、民权他妈，还有个谁忘了。婆婆和娃在屋，我用桶去提饭。七月十二那天，我早起去提饭。舀的两小碗糁糁，两个人的，碎娃没有饭，提着桶往回走，到仰军家门口，脚下一滑摔了个仰摆子，还好护着桶没倒，糁糁好好的，把我损（尴尬）的，起来提桶就跑。本来月底生老二，结果当晚二女子到月，只三斤重。

两碗糁糁不够吃，提回家倒锅里加水烧开，往里头搅些麸子下些菜叶子，才能吃个不饿。杨村大哥家安的磨子，有麸子，给我量了一满斗，要了一百二十块钱（当时一个劳动日两毛五，玉亭的月工资三十块左右），就这别处还没有卖的。本来大哥不想给我，看我家实在太困难了，才给的。黑山村省省他妈也去买了一斗，后来她老说：量一斗麸子一百二十块。

饿极了，我就去沟里对坡拔鬼刺（鬼针草）。拔一笼回家

图 6 齐玉亭、杨淑品和孙子齐朋焘合影。摄于 1991 年。

一焯，吃起来倒也不涩，像蔓菁菜一样，我吃两碗，婆婆不吃。我还到北边刘木匠沟打榆树皮，给人家把树都打死了。回来晒干，捆成捆捆儿，用碾子反复碾，碾成面，做成像糁糁一样的糊糊，晾凉了喝，有点像牛肚衣胞，红红的，喝到嘴里，心说慢慢咽，慢慢咽，结果，呼噜！一下子就滑下去了。要是没凉就吃，把食道就烫伤了。榆树面吃得多，肚子就塞住了，肠梗阻，能死人。村里友宽他兄弟友文，二十多岁，娃很乖，见人不叫啥不说话，可怜吃了这硬是肚子疼死了，还有周凯他碎爸（小叔），树他碎爸（小叔）也是。

我们一些人还去挖一队地里种的蔓菁。那年的蔓菁根很甜，给人家把一调子地挖差不多了。一队的人把我们撵的，都把笼一撂愣跑。我跟省省他妈跑得快，堂嫂跑不动，叫人家逮住，给人家赶紧回话，人家看是本村亚勋他妗子，也就算了。其他逮住的，说了一顿，也都放了。不过蔓菁根人家都提回去了，

图 7 六十三岁的杨淑品和六十八岁的齐玉亭在湖北黄石长江边合影。摄于 2003 年。

我们远远看着，有气无力地回了村。

这一年多亏母亲。杨村分的红苕多，其实也不多，是后爸隔三岔五深更半夜去地里挖红苕，一天挖个几斤十几斤，好在一直没被发现。母亲蒸了红苕，就到沟对岸喊我，我去吃了再拿些回家，一家人把肚子垫垫。

其实 1958 年女儿过了岁，就有西安市来的人招工，在沙河考试。村里和我同岁的答民，小一岁的淑叶，小两岁的军军，他们知道消息偷偷去考了试，都考上了。他们办户口去粮站卖粮时，我在路上碰见，问了才知道。他们说题很简单，我去保险能考上，语文考的“五一”“六一”“七一”“八一”“十一”都是啥节，数学考的加减乘法混合题。答民说他答的“十一”是给鬼烧纸节，我说你胡答啥呢，“十一”是国庆节。

我说他们去考试咋不叫我呢，他们说：我们怕九婆（婆婆）嘁呢。我问招上的人里头有有了娃的吗，说有几个呢。这也不能怪他们，其实婆婆早就到小队大队干部那里，把我出去的眼眼给焊死了，她就怕我去城里，我走了屋里没人种地做活，屋就散了。平时我上工她给看娃，我要想把娃搁屋里一个人出去一半天，没向（没门）。后来西安的纱厂也来招过人，我都没去成。

军军那时正在县里上高中，一心想当工人，他妈挡不住，就托人捎话叫他爸回来。军军他爸在西大街梁家牌楼做饭。他爸赶回来，在他卖粮路上拦住他说：咱人老几辈子没个念书人，你好好念书，给咱把书念成功。他只好没去，又回去上学，后来当了一辈子小学老师，还当了小学校长。

1958 年，答民和淑叶去西安当了电车司机。这年的我，在村里食堂做饭。当时村里在村北边半沟里打井，引东边老远的王河水上平地浇地，水都上平地了，渠却坏了，工程也就作废。我还被村里派去修长坪公路，男劳力都进山修路了，所以去的都是女劳力，一起去的有婆婆、堂嫂、端叶、立学他妈、老五他婆、武民他妈。我带着女儿，堂嫂带着学民，我用轻便推车铺了被，推着婆婆和俩娃，婆婆去是专门看娃的。到了地方，大家住在裂了大口子的窑里头，一个星期开了几回会。妇女们大多引着娃，娃叫唤的、闹活的，还没等到上工地，只好叫有娃的都回家。我们就回村继续劳动。这一劳动，就是一辈子。

最后说说母亲。社教第二年（1967 年）她在铜川过世，六十四岁，大概是心血管病。她三月初九去铜川妹妹家，当时我老四是个木犊娃（三个月大），我没法去送，二姐抱着她儿子牛娃送到西安。到五路口，娃愣叫唤（哭闹），没能送到车站。母亲提着包袱，自己上天桥、下天桥去的火车站。她上了天桥回身给二姐说：我四月二十就回来了，你们覅操心。果然四月二十这天，车子把她送了回来。可怜母亲真是苦了一辈子！

时光影像述说

——山河尊严与大地恩情

徐忠民

收藏老照片这么多年，我悟到一个人生道理：当你聚集心神专注某一件事物，那件事物就会穿过千山万水来到你眼前。在我的收藏日志里，这样的事情，一次又一次地反复出现。

有一天，照片收藏群里出现十几张20世纪七八十年代的黑白照片，其中有四张江景照片我凭感觉确定这应该是富春江，当即买下。收到照片，看到照片背后写着“87.9. 梅城富春江畔F8—111/60乐凯胶卷”等字，没有署名。联系卖家，问这批照片里还有没有其他写有“桐庐”和“富春江”字样的照片。对方去翻找后回复说：“没有，就这四张。”

这四张照片现在就在眼前。

“浩瀚的历史影像里，我一眼认出了钱塘江。”这是去年我做钱塘江历史影像考察收藏展前言文字里的第一句话。照片上的某种气息，能够瞬间吸引住你。这气息，是画面的一种氛围，是一些细节、一些痕迹、一些关系。这些气息，与你的视觉记忆、形象积累联系在一起。比如这四张照片，那江边山峰塔影、天际蜿蜒的起伏山形、江边建筑的延伸走向、垂柳下的舴艋舟、船头悬挂着的杭州篮，全是我的一眼熟。

我并没有生活在富春江畔，除了两三次旅游，也很少去那儿，但是我对富春江非常熟悉，熟悉到亲切的程度。因为，我阅读、收藏过很多的富春江历史影像，闭上眼睛，它的山水风景、地理风貌、乡土民风，就一一浮现。眼前这四张照片，我可以为每一张照片找到相对应的历史照片，从而看到其中历史的变迁。

收藏这批照片的另外一个理由，就是这张被佚名作者命名为《歇》的照片（图2）。我把这张照片发给策展人："小宋你看，像不像我收藏的怀特兄弟的那幅《避风湾午餐》（图3）？"

怀特兄弟20世纪20年代拍摄的这幅原作现在就挂在展厅里。相隔近七十年时间，两位摄影师的视角和关注点不谋而合：山水环境里人的生存。但是仔细品读，两张照片的画面精神是有极大的差异的。80年代这位摄影爱好者的画面，波光潋滟、杨柳依依，渔民的生活面展示得很丰富，除了衣着的变化外，餐具、茶杯、杭州篮这些家什特别引人注意。然而，怀特兄弟

图1　富春江组照

的这幅《避风湾午餐》，布帆低垂，山岩嶙峋，渔民神情疲倦落寞，生活的冷峻和凝重感袭心而来。80 年代的摄影师用高角度俯拍，江风船影，显得轻快而有诗意。而怀特兄弟，则是平视取景，刀削一般的山岩以及倒影沉重黝黑，巉岩上松树倚天而立；同时，与船篷线形相似的山岩前后交错，像个臂弯，三棵松树纵斜交错，呈现张望放哨又像凌空拦截之势。正是这个严整的构图，将自然山川的尊严与生存庇护这样的主题，在形式上得以均衡。在如此严峻有力的照片面前长久阅读，唤起的是对自然的敬畏和对生存的关怀。

怀特兄弟拍摄中国题材照片，与当时中国的沙龙摄影有一个很大的不同，就是对人的生存的关注。中国沙龙摄影，注重的是画面的意境与艺术家个人的主观心境的表达。这次展览上，我和张结先生提供了郎静山的两幅摄影原作。中华摄影学会在 1972 年出版过一本影响很大的集子《静山艺影》，照片由郎先生亲自编选。在画册的开篇，打开就可以看到左右页面对开的这两张照片（图 4）。左边这张是 1919 年拍摄的《富春初雪》，另外一张是集锦山水摄影作品《江流静犹涌》。

这两张照片鲜明地展现了郎静山摄影的风格和审美观念。在他的照片里，山水、人物不再是一个具象，而是变得更宏大、更深远，它们成为一种美学与哲学的符号；他对山水的崇敬和热爱，是对宇宙秩序的探究，也是对自己内心世界的一种追求。我们看怀特兄弟的照片，这些人物，这样的生活，画面有情景、有表情，他们要表达的是，在这样一片土地上，人是怎么生存的。而郎静山的照片，人与山水，都从这片土地上游离出来，它们是不具体的，是可以相互置换和替代的——郎静山先生因此创造了一种摄影史上独特的山水集锦手法——它们作为精神的象

图2 《歇》

征符号，阐述作者的“天、地、人”和谐相生的哲学思想。

郎静山的美学思想和创作风格影响深远，我们这里提供的民国时期以及五六十年代的摄影爱好者关于富春江的摄影原作，大都有着郎静山的影子。

我关注历史影像，对记录性的照片更敏感一些，因为它们总是有意无意地记录了社会变迁与文化的嬗变。我们从历史影像中寻找文化初衷与源流的脉络，为的是更理性地认清现在，

图3 《避风湾午餐》

从而展望未来的去向。眼前这几张80年代的黑白照片，就艺术性而言，可说平淡无奇，但是，我在每一张照片上都看到了我认为有价值的信息：小舟上的搪瓷杯，用塑料带编织的杭州篮，洗衣服的渔家女身上穿的带凤尾图案的裙子、高跟鞋，一排舴艋舟旁边停泊着一艘巨大的汽艇游轮，桐庐县城的沿江建筑的变迁，等等。生产方式、生活习俗这些人文信息的变化，往往体现在这些细节上。

图4 《静山艺影》开篇

我收藏有一本美国摄影师关于钱塘江的摄影原作集子。20世纪20年代初，这位摄影师徒步对新安江、富春江作了摄影考察，拍摄了上千张照片。这次我拆了三张原作拿来展览。从相册照片看，这位摄影师的拍摄态度，与怀特兄弟相同，就是对这片山水与人的生存关系的关注。他关注生产方式，比如农民在田野的劳动，水牛勤勉耕作、犁刀翻起一大片黝黑的土块（图5）；在江的源头，小渔舟是如何从浅滩支流汇入江河主流的，在湍流里船夫如何撑篙把控航向（图6）；渔民以船为家，停泊地不是村头就是参天大树底下（图7）。我们看这张竖构图的照片（图8），他拍摄这条通往村庄的路，不是因为路的线形漂亮，而是因为这是由遍布江滩的石块与石子铺成的。江水常常漫上来，河道泛滥，泥路会泥泞不堪。石路就坚实多了，农夫渔民夜晚循着白石路归家，陆游诗云"却寻归村路，白石明青滩"，

图5 牛耕图

图6 湍流撑篙

图 7　蚱蜢舟

就是这样的乡情画面。

看上去，这些画面，无非是衣食住行，但这就是真切的生活，也是文化本身。它们与这片土地、这片河山，是生生不息地紧密联系着的。历史影像中大量的记录照片，带着尊重甚至敬畏的态度，记录了各种生活情境和细节。这些照片，忠实地记录了人的生存与自然环境的关系。这种关系，是人对自然的爱惜、敬畏与感恩，而不是破坏和改造。大地山川是人的栖息地，她为人提供养育和庇护。这两张清代照片（图 9、图 10），是

图 8 石子路

安德伍德公司发行的立体照片。安德伍德全球立体影像是一部“影像巨著”，其中关于杭州的就是这两张。图 9 文字标题是杭州附近的磨坊，拍摄的是 1908 年农民如何加工粮食。那茅草屋、加工粮食的工具，所有的材料都来自田野的稻草和江边的竹子、松木。图 10 拍摄的是杭州的旧书店和摊主，这是百年前杭州的书店。我们知道，他的这些书，都是用富春江这边生产的纸张手工印制的。照片背后写有说明，介绍的是书店的位置，书的陈列，书的内容、价格等。可见摄影师是做了细致的采访的。

图 9 杭州附近的磨坊

这些影像和文字所提供的信息，为文化研究提供了详实的原始材料。

在所有艺术门类里，人是永恒的主题。摄影的特性是纪实的，它直接把现实摄入画面。现实不仅作为摄影的素材，而且成为照片画面元素的全部。现实的主体是人，所以，每张照片都有人的存在。即便是无人的风景，也有摄影师主观意识的存在。郎静山这张《江流静犹涌》（图 11）的英文名叫 *Sailing Home*，即归航。古老的村头建筑，在树林掩映中召唤游子归家。这样一幅旷远意境的艺术作品，原来还是有着人间乡愁情绪的。正所谓“一切景语皆情语”。

图 10 杭州的旧书店和摊主

我们现在创作的作品里，有没有人的存在？有多少人的存在？山水摄影就是纯粹的山水风光吗？在山水风景里，即使有人，也仅仅是陪衬吗？富春江文化是山水文化吗？在阅读照片时，我常常这样自问。

一方水土养育一方人。我们无疑是要去拍摄人的。我们需要通过人和人的生活，去认识这方水土和人的生存之间的关系。所以，在历史影像的收集和研究中，关于这片土地上人的生活的照片，是我关注的重点。

我提供的这些老照片，有很多来自私人相册。我特别喜欢私人相册，因为私人相册记录的是个人的生命历程，是个人的

图 11 《江流静犹涌》

一种视觉传记。它们不是用来做宣传的，也不属于艺术创作。我们在相册里看到个人生活，以及与他相关的人、事、物。我们也从中看到他所看的，他将自己所关注的，用心拍摄洗印粘贴在册子里的。比如这次我从几本私人相册里选出来的关于富春江的照片。相册主人来到或者路过富春江，被山水风光所吸引，他们也拍山水，技术不是很专业，但是没有束缚，完全凭兴趣拍摄。他们拍摄旅游途中所经历的事情，他们会把自己的形象放入画面。比如这六个朋友，他们来到富春江，或策马驰骋，或竹林茶叙，或田塍漫步，或走街串巷。在这些照片中（图

12、图 13 见封三、图 14），我们直接看到了乡村、城镇人的生活。这些内容，在历史上留下的照片很少。就像杭州，大量的都是天堂美景照片，而城内市民生活照片，少而又少。而且这类照片在民国时期的摄影杂志、影展上面几乎是看不到的。所以这一组照片我觉得特别好，看着它们，就好像穿越历史时空，进入百年前人们的生活里一样。

这类私人照片，内容丰富，情景真切自然。因为拍摄目的纯粹、拍摄手法简单，反而具有特别的价值。有一次，加拿大蓝可立先生从巴黎影像博览会上给我发来一张照片：有一着西装的男人在各个摊位之间穿梭逡巡。可立说，每年都可以看到这个人，他只买私人相册里面的照片。我多么想知道他到底买些什么样的照片！

收藏老照片的人，一般都喜欢这种带照相馆底板的私人肖像。从形态上说，这种照片是一件完整的物品，是一种纪念物。它主要用于影中人自己或亲友欣赏，进而作为家族流传品；特定的时候，也用作情感赠礼。这种观赏与传播方式，具有独特的私密性和仪式感。照相馆提供有偿的私人服务，影中人在照片中寄托对自己的爱和希望，以及对拍照时此时此刻的纪念情怀。我曾经为这个影展推荐了这张照相馆私人肖像（图 15），因为它呈现了 20 世纪 20 年代富春江女性的形象，是典型的中国传统生活环境的理想写照：肖像的绘画布景构图取江水绕远山、小桥跨流水、近草依低树的中国画境，营造了诗意栖居的江南人文意境。20 世纪 20 年代，富阳县城从沪杭大城市引入人像照相技术，开设了一家以县名命名的照相馆。由于小县城初创照相馆，财力有限，为节省定制照相底板的费用，采用了购买批量纸板，加盖木刻商号章的方法，照片整体装帧简明素朴。这种照片，得拿在手上观赏，才能体会其中的一纸隔百年、穿越时光来相逢的感慨。

设立一个带照相馆底板的富春江人物肖像系列，该有多么好！我这样想。从清代到民国，再到五六十年代、七八十年代。不同历史时期，不同的富春江人，这不是很有分量的富春江历史文化吗？“世间一切，尽在脸上！”

在这个展厅里，我还展示了一些20世纪50年代到70年代的新闻照片。在影像收藏界，好多人不喜欢新闻照片，认为它属于宣传品，没有什么价值，但是我认为这些照片的价值被忽视了。因为：一、由于器材的缺乏和人口流动的不便，那段时间摄影在民间近乎真空，能够拍摄照片的，只有这些新闻记者和文化干事；二、这些照片的拍摄目的是宣传，但是摄影的时空纪实特性，随着时间的流逝，照片上的一些主观性因素被

图12 田塍漫步

图 14　竹林茶叙

图 15 带照相馆底板的私人肖像

过滤和消退，而见证性却日益加强，甚至，那些原本的主观性也成为一种历史见证。我们浙江的摄影记者在富春江流域拍摄、制作、传播了很多表现富春江人民与富春江山川土地关系的照片（主要是人民劳动、互助团结、同心创造的题材）。这些照片里，除了有各种人物、活动情景，还有各种各样的丰富的细节，比如缝缝补补的衣裳啊，多种多样的农具、家具啊，更吸引人的是那时候人物脸上的表情，在朴素中满怀希望，积极而又乐观。

我很喜欢这张《春江园丁》(图 16)，1973 年，桐庐县罗山公社松村大队民办教师陈金远，带学生在富春江边的山丘上上课。江风吹动了老师和同学的头发，老师意气风发，学生们热情洋溢。这样的一种师生关系和课堂氛围，留给这些学生的印象该有多么深啊。起码五十年后，让我这个观众看了，过目难忘。试问如今还有多少老师，是这样上课的？

新闻照片是用来进行大众传播的。它被大批量复制，然后全国发行——我也在国外买到过这样的照片——就是说，我们中国人民的生活就是用这样的一种视觉传播方式传播着。所有的这些照片形成一部视觉的传记，它随着时光的流逝、社会的变迁，留下了一道道的足迹。这个足迹让我们看到，这样的一方土地，生存着怎样的人；眼前的现实，是如何从过去走过来的？这个土地承载着怎样的一种社会关系？

无论是私人的肖像或者纪念照，还是公务摄影记者拍摄的新闻照片，或者专业摄影师、摄影艺术家的专业摄影作品，现在都原汁原味地呈现在我们面前。我发现这次影展的装裱非常专业：他们将边框留出一些空间，让照片的边缘能够完整地露出来。这个很重要，因为，这样可以把照片影像的纹理、质感与痕迹，全然呈现出来。这些纹理和痕迹，让你感受到照片的历史气息，让你触摸到历史的细节，所以它对人的感染力是完全不一样的。

强调照片的原汁原味，强调照片的原生态，强调它的传播痕迹，是对历史演变历程的尊重，也是对历史细节的尊重。

原作带有拍摄者与拍摄对象同时空的互动；经过时光冲刷，影像凝聚了特别的感染力。原作中的力量感与庄重感，是复制品所不具有的。另外，老照片普遍尺幅较小。按照当下的观念，

图 16 《春江园丁》

照片越大，表现力和冲击力越大。我们今天展览的照片都放得那么大啊，这么有气势，但是以前的照片是如此之小，小到只有香烟盒那么大。这么小的尺幅，一定要靠得很近才能够看清楚。近距离看，这叫凝视；远距离看，叫眺望。相比之下，凝视更安静，更专注。我记得多年以前，上海美术馆做了一个法国三代摄影师摄影展。展馆的底楼，陈列着布勒松、马克·吕布等第一代摄影师的原作，他们的原作尺幅都很小，只有小 32 开书那么大，但是欣赏起来有特别的韵味。近距离观看，需要你调动和聚集全部的心神，是进到作品里面去用心读。照片的观赏距离，就是这样具有了美学意味。

现在，让我们近距离去观看这些小小的老照片吧！这些时光影像，述说着山河的尊严与大地的恩情。我们去凝视，去谛听。

南充解放初期的节庆集会

胡　剑

四川南充于 1949 年 12 月 10 日解放后，根据中共中央关于将四川划为川东、川西、川北、川南四个省级行政区的决定，南充为川北行政公署所在地。新生人民政权建立后，南充人民开始进入了一个崭新的时代。这组老照片记录了半个世纪以前，南充所属的武胜、阆中、南部、西充、仪陇、营山和蓬安等县部分节日集会的场景。

元旦节集会

1951 年 1 月 1 日这天，西充县各界人士代表、县城各单位的职工和部分农村群众，兴高采烈地参加了该县解放以来首次规模最大的集会（图 1）。这次大会包括三个内容：一是“庆祝元旦”，二是“解放周年纪念”，三是开展“扩大抗美援朝保家卫国运动”的动员。西充县于 1950 年 1 月 4 日和平解放，为纪念解放一周年，在 1951 年元旦佳节，该县提前举行了这次庆祝大会。

当天的庆祝大会结束后，该县的驻军还与县城部分单位的文艺骨干举行了一场军民联欢会。在这次大会上，该县主要领导

图 1 1951 年 1 月，四川省西充县元旦节集会。

回顾总结了解放一年来全县各行各业的工作进展情况。同时，还向全县人民作了开展“扩大抗美援朝保家卫国运动”的动员报告。

“扩大抗美援朝保家卫国运动”，是根据当时的国际国内形势而开展的一项全国性运动。1950 年 6 月 25 日，朝鲜内战爆发，1950 年 9 月 15 日，以美国为首的“联合国军”在朝鲜西海岸仁川港登陆，朝鲜人民军腹背受敌，转入战略退却。中共中央根据朝鲜党和政府的请求，作出了“抗美援朝、保家卫国”的决策。1950 年 10 月 8 日，中国人民志愿军赴朝参战。10 月 19 日，以彭德怀为司令员兼政治委员的中国人民志愿军开始渡过鸭绿江，进入朝鲜作战。从此，抗美援朝保家卫国的爱国主义群众运动，在全国各地广泛开展起来了。

但是，这个运动在全国部分地方的发展很不平衡。于是，

1950年12月28日，《人民日报》发表了《继续扩大与深入抗美援朝保家卫国运动》的社论，提出："我们目前的一个最重要的政治任务，就是要提高全国人民的政治觉悟，扫除帝国主义及其走狗所散布亲美、崇美、恐美的思想毒素，养成对美国帝国主义（不是美国人民）仇视、鄙视、蔑视的态度，确立爱祖国、爱人民的自尊自信观念。为此，就必须继续扩大和深入抗美援朝保家卫国运动，使这个运动在没有开展的地方开展起来，已经开展的地方更加深入下去"。

正是在这一时代背景下，西充县积极响应上级的号召，在元旦佳节和本县解放一周年纪念活动之际，及时动员全县人民参与开展"扩大抗美援朝保家卫国运动"。

三八妇女节集会

1950年，在新中国成立后的第一个三八国际劳动妇女节上，中央人民政府副主席宋庆龄发表了《"三八"纪念与家庭妇女参加建设》的文章，号召家庭妇女参加各种生产劳动和社会活动。邓颖超在首都三八妇女节纪念大会上，要求妇女们以主人翁的姿态，贡献于祖国建设事业。

为响应中央人民政府的号召，1950年4月19日，川北各界妇女代表会在南充召开。1950年10月16日，南充分区民主妇联筹备委员会正式成立。此后，南充地区所属各县的民主妇联筹备委员会相继成立。为迅速改变旧中国的落后面貌，革除束缚、歧视、摧残妇女的旧制度和旧习俗，南充掀起了一系列波澜壮阔的群众运动，使妇女的社会地位发生了翻天覆地的历史性变化。

1951年，中华全国民主妇女联合会等六个群团组织，第一

图 2 1951 年 3 月，四川省南部县三八国际劳动妇女节庆祝集会。

图 3 1951 年 3 月，四川省武胜县三八国际劳动妇女节庆祝集会。

图 4 1951 年 3 月，四川省营山县三八国际劳动妇女节集会。

次在“三八”妇女节举行庆祝活动，联合发出《关于纪念“三八”国际妇女节的通知》。从此，全国各地的妇联组织，开始在每年的三八妇女节这天举行庆祝集会。

图 4 是营山县 1951 年庆祝三八国际劳动妇女节的情景。图中肩扛红缨枪的妇女们都是自卫队的队员。1950 年 4 月，驻守营山县城的解放军部队因执行新的任务离开营山。为了打击土匪的嚣张气焰，保障人民生命财产安全，1950 年 5 月，营山县成立了人民武装自卫队。广大妇女也积极加入自卫队行列，并承担维护社会治安秩序、站岗放哨、协助公安机关捕捉匪特的任务。同时，还积极配合县人民政府派出的工作组，开展以“清匪、反霸、减租、退押”为内容的“四大运动”。

图 5　1952 年 3 月，四川省蓬安县三八国际劳动妇女节集会。

六一儿童节集会

新中国成立后，南充地区的幼教事业迅速发展。1951 年 10 月，中央人民政府政务院在《关于改革学制的决定》中明确：改“幼稚园”为“幼儿园”。到 1952 年，南充地区有幼儿园 59 所，入园幼儿 4441 人，幼教工作者 158 人。

1953 年至 1957 年执行发展国民经济第一个五年计划期间，在国务院、教育部、卫生部的倡导下，各工矿、企业根据需要和可能的原则，独立或联合创办了职工子女托儿所和幼儿园。在农村，农业生产合作社或互助组举办了季节性、临时性的托儿所和幼儿园；在城镇，教育部门的示范幼儿园和机关、企业、街道及个体开办的幼儿园作为城镇幼儿园的主要形式，满足了群众的需求。截至 1957 年，南充地区共有幼儿园 102 所，其中

图6 1953年6月，四川省仪陇县幼儿园六一国际儿童节合影。

教育部门办42所，群众集体办9所，其他部门办51所，入园幼儿共8063人。

幼儿园所收幼儿的年龄不低于2周岁半，按照年龄分为若干班，一般20至25人为一班；3岁以上，分小、中、大班，一般30至40人为一班；其中，3岁半至4岁半为小班，4岁半至5岁半为中班，5岁半至6岁半为大班。幼儿园的课程设置，在解放初期没有统一的规定。1952年教育部颁布《幼儿园暂行规程（草案）》和《幼儿园暂行教学纲要》后，课程设置有语言、常识、音乐、计算、体育、手工等。大班每周一般13节作业，中班12节，小班6节。

这张20世纪50年代仪陇县的小朋友欢度六一国际儿童节的照片（图6），是目前南充市档案馆所收藏的保育院和幼儿园最早的照片。这些孩子们幸运地赶上了好时代，他们定格在半个多世纪前的那天真烂漫的笑容，为南充地区在新中国成立初期的幼教事业平添了生动形象的注脚。

1974年的团风镇

李　宾

我手头有一部团风镇 1974 年的影集，1974 年是“文化大革命”的后期，也是改革开放的前夜。我们翻开这部影集，回味过去，看看那一年在这个小镇发生的故事。为忠实记录原有风貌，本文照片解说均为原配文字说明。

团风镇是湖北省黄冈市团风县城关镇，镇名源自唐朝，是一座古老的集镇。1938 年设团风镇，1949 年改区，1951 年 7 月复镇，1958 年改公社，1949 年至 1995 年为黄冈县驻地。

1973 年 11 月 19 日，国务院和中央军委转发了《上海城市民兵情况调查》的通知，要求在全国各县成立城镇民兵指挥部，有些公社组织民兵执勤小分队。团风镇也于 1974 年成立了民兵指挥部。镇革委会主任罗振东、副主任吴必安在成立民兵指挥部的大会上不仅做重要指示，还亲自和民兵一道行进在民兵指挥部成立的盛大游行队伍当中（图 1）。图 2 展现了“团风镇民兵指挥部前整装待发的民兵英姿”。

民兵不仅要在战时保卫和坚守城市乡村，还要在平时负责管理和改造城市，而且维护社会治安的工作此时由民兵与公安局共同负责。图 3 是“民兵与公安局、治保会相结合共同办公”，

图 1 团风镇民兵指挥部成立时的游行队伍。

图 4 是“民兵与公安局相结合商讨案情”，图 5 是“民兵与公安局一起（在）夜间武装巡逻”，同时还附有团风镇治安状况通报情况，具体内容为：“坚持党的基本路线，狠狠打击阶级敌人和各种刑事犯罪分子的破坏活动。（19）74 年全年共发生各类刑事案件 6 起，破获 5 起，占发案数的 83.3%，抓获罪犯 95 人，其中惯犯 79 人，缴获现金 718 元，粮票（粮食）4100 斤，布票 92 尺，各种衣物 100 余件，木材 110 立方，木船 1 只，板车 8 部，自行车 1 辆，收音机 1 部，木桶 20 件。与（19）73 年同期相比，发案率下降 3.3 倍，破获率上升 8.3%，此外，还

破获年前积案 114 起，其中协助外地破案 68 起。从而有力地打击和震慑了阶级敌人，教育了群众，维护了社会治安，保卫了国家和人民生命财产安全。”

这些民兵组织虽在维护社会秩序方面起了一些作用，但由于受“以阶级斗争为纲”的“左”倾错误思想的影响，使不少强壮劳力脱离生产岗位，从事社会活动，影响了正常的工农业生产。另外动用民兵处理人民内部矛盾，在人民群众中造成了不良影响。特别是在极“左”的思想指导下，把合理的市场流通当作“投机倒把”给予严厉的打击，对人民生活造成了不可挽回的损失。

在通报中写道：“打击投机倒把，管好社会主义市场。我

图2 民兵合影。

图3 民兵与公安局、治保会一起工作。

镇民兵积极参加‘改造城市，管理城市’。1974 年我民兵小分队协同市管人员抓获投机违法案件 243 起，271 人次，查获粮食、油料 8000 余斤，鲜鱼 7000 余斤，木材 110 立方，土特产品 8 万余斤，增加国家税收 5600 余元，清查外流人员 1589 人，动员归队务农 360 人，有力地打击了投机倒把活动。如我民兵小分队于 1974 年 12 月 24 日接到群众检举：‘但店区黄坳公社富农出身易江汉在江西新干县套购大量的木材运往武汉，在最近几天经过团风。’我民兵得此消息冒着风雨严寒，三天三夜坚守江边，巡逻检查，终于在 12 月 26 日零时将 110 立方木材的四支（只）船全部抓获，同时缴获了用以腐蚀干部的自行车、木箱板、猪肉等物资和收买船员的现金 100 元。”由此可见，当时搞活经济、促进商品流通，不仅被定性为“投机倒把”，还很有可能身陷囹圄。

在这个通报中，我们还发现收缴的物品中包括一些打通环节的行贿物品。这里还记录了一个腐败干部坠落的实例：“拐骗妇女逃犯——代某某。该犯原是天门县刘集公社党委书记，年四十一岁，利用职权诱骗公社二十岁的女卫生员刘某某，在洪泽湖江面偷渔船一只，渔网及生活用具等潜逃，于1974年6月13日下午6时流窜我镇，被巡逻民兵发现，副排长舒昌胜当即进行盘查。该犯见势不妙，抱起小箱跳水逃跑，舒昌胜同志奋不顾身英勇顽强跳入水中进行搏斗，在临江公社民兵的协助下将其抓获归案。经审查，小箱内有匕首1把，毒药2瓶，空白介绍信42张，空白迁移证2份，粮票500余斤，布票134.6尺，企图在水上长期流窜姘住。”

图4 民兵与公安干警商讨案情。

图 5 民兵与公安局一起巡逻。

自 1973 年 3 月 10 日邓小平复出工作以来，纠正“左”的错误，整顿被林彪、江青搞乱了的各条战线，进行了大量工作，取得了明显的成效。在“批林批孔”的同时，也在抓革命促生产，各条战线的生产秩序、工作秩序得到逐步恢复，工农业生产明显好转。尤其是 1974 年 6 月 18 日，国家计划委员会向中央政治局汇报：上半年工业生产不少地区有所下降，主要问题是煤炭和铁路运输情况不好，钢铁、化肥等产品以及一些军工产品也欠账较多，对整个国民经济和战备影响较大。7 月 1 日，中共中央发出《关于抓革命、促生产的通知》。各地都积极响应，工农业生产出现了可喜的局面。团风镇也和全国各地一样，

图 6 团风五金机电厂工人试制的滚丝机。

出现了欣欣向荣的局面，现从这部影集里采撷几张照片和原图配文进行解说。

图 6，“路线对了头，一步一层楼。团风五金机电厂 1974 年精简人员 7 人，产值比去年同期上升 30%，费用下降 32%，农机修理增长 6 倍，技术革新 7 项，这是他们试制的滚丝机”。

图 7，“团风色织布厂的广大职工在‘工业学大庆’的推动下坚持走自力更生的道路，将原来一摇三晃绳索捆绑的木机

图 7 团风色织布厂车间

头，变成了自动化的铁机头”。

图 8，“蔬菜大队的贫下中农在党支部的领导下，以党的基本路线为纲，深入开展‘农业学大寨’的群众运动，在人平均三分地的土地上，艰苦奋斗夺丰收，集体经济逐年上升，(19)74 年上市蔬菜 343 万斤，牲猪人平 1 头，亩平 2.5 头，鲜鱼除自给外，还上调 2 万斤，机动力 312 匹，蔬菜队在社会主义金光大道上胜利前进。蔬菜大队的社员正在积极组织蔬菜上市，

图8 蔬菜大队的社员正在运输蔬菜。

图9 熙熙攘攘的百货商店

保障市场供应，满足人民生活需要”。

图9，“百货商店的繁荣景象，充分体现了社会主义商业欣欣向荣，蒸蒸日上，人民生活逐年提高”。

可见只要抓生产，人民就会过上富足安康的生活。

1974年虽为“文革”后期，但以“阶级斗争为纲”的主线没有改变。阶级斗争这根弦时刻都绷得紧紧的，这在影集中也有所反映。

图10，“我镇是进出大别山的咽喉要道，解放前国民党长期盘踞，有一定的反革命社会基础，现时阶级斗争十分复杂。这是解放团风战斗中参加支前工作的王金山同志对民兵进行新旧团风对比教育”。

图10 忆苦大会

图 11 分析阶级斗争新动向。

“忆苦思甜”是那时阶级教育的一项重要内容，一般是请苦大仇深的贫下中农到厂矿、农村和学校控诉万恶的旧社会。最后都要领着大家高呼几个口号，喊的口号自然是当时的流行语了，如“毛主席万岁”“中国共产党万岁”“不吃二遍苦，不受二茬罪”“不忘阶级苦，牢记血泪仇”等。然而，贫下中农在忆苦时，常把时间搞串，一把鼻涕一把泪地说着说着就讲到了“三年困难时期”的艰难，此时领导都会及时出来制止。我工作后无论是出差还是开会，和别人聊起这段，好多人都遇到过类似的情况，可见那三年困难时期在人们心中留下的创伤是多么的深。

图 11，“街道革委会副主任徐少华同志，同居民一起学习文件，分析阶级斗争新动向”。

在以“阶级斗争为纲”的年代，一切无不打上“阶级”的烙印，稍有不慎，就被定性在对立的范畴里。改革开放不仅是经济的开放，更重要的是思想的解放。尊重人，倡导人性的回归，从而解放了人。我们在纪念改革开放时，对前者回忆得多，往往忽视了后者的作用。殊不知没有人的解放，那物质的存在有何意义呢?

团风镇只是全国的一个缩影。

书末感言

历史影像的张力

冯克力

每年的 5 月 3 日上午，10 点一到，泉城济南的上空便会响起凄厉彻耳的防空警报声。这项由本埠人防部门安排的警报试鸣活动，迄今已持续了整整二十四年。从试鸣的第二年，即 2000 年起，日期就永久固定在了每年的 5 月 3 日，且雷打不动，在强化民众人防意识的同时，借以纪念 1928 年“五三惨案”的死难者。

身为济南人，对发生于九十五年前的那桩“惨案”，自然是多不陌生，但也仅仅是不陌生而已。人们对那桩“惨案”的认知，大多还停留在各种纪念场所展陈的图片和解说中，而对于“五三惨案”的来龙去脉，从国际环境到国内情势，从中日双方的当下博弈到长远算计，以及其中的诡谲多变、扑朔迷离则鲜有更深入的知晓。因此，本辑所刊由云志艺术馆收藏的一宗日军留下的相关图片，和著名文史学者李洁对这些图片的梳理、解读，便有着特殊的价值。

这些照片，皆由日本的随军记者所采集，无论是立场还是视角，都有其不可避免的局限性，甚至带有明显的粉饰侵略的功能，这是不言而喻的。伴随着工业化诞生的摄影术，自始就是一种权力的象征，曾为最早的工业化国家所专擅。别的不说，就看看与“五三惨案”有关的场所展陈的那些照片吧，恐怕还是以当年日本人拍摄的居多。但这并不妨碍我们寻着这些照片走进历史，去感知过去。

历史影像的张力既源自影像本身所承载的信息，也有赖于后人的梳理与解读。解读历史照片，可以从一张张照片的细节入手，条分缕析去钩沉、去剖解，也可以偏重梳理、参悟照片所定格的时代与事件，在若即若离中，显现影像内在的张力。李洁将此宗照片置于中国民族主义的觉醒与日本军国主义疯狂扩张的时代背景中去呈现，可谓深谙此道。

其实，不光是那些定格重大事件的历史影像，哪怕是寻常的私家老照片，也可作如是观。即如本辑柯林的《那年那月那些事》，当我们从作者的讲述中对其岳母的坎坷一生有所了解之后，再来端详篇末那张随遇而安的家庭合影，怎能会不对这个普通人家的遭逢际遇，油然起敬？